WOSIEN, Tanz als Gebet

D1722986

„Hand Gottes", Fresko im Torbogen, St. Clemente de Tauli, um 1225.

„Ein neues Licht deiner Herrlichkeit
scheint in unseren Herzen,
die wir dich kennen in sichtbarer Form
durch das Mysterium des inkarnierten Wortes.
Mögen wir nun erfaßt werden von der Liebe
für deine unsichtbare Gegenwart.

(Präfation der Missa in Gallicantu) [1])

Maria-Gabriele Wosien

TANZ ALS GEBET

Feiert Gottes Namen
beim Reigen
(Ps. 149, 3)

**Mit Grafiken von
Theo Hüllenbrandt**

VER◇TAS

CIP-Titelaufnahme der Deutschen Bibliothek

Wosien, Maria-Gabriele:

Tanz als Gebet: feiert Gottes Namen beim Reigen /
Maria-Gabriele Wosien. [Ausg. mit CD]. – Linz: Veritas 1995

ISBN 3-7058-0857-5

© VERITAS-Verlag Linz: alle Rechte vorbehalten
Gedruckt in Österreich; 3. Auflage 1995
Gesamtherstellung: LANDESVERLAG Druckservice Linz
Linolschnitte (Umschlagmotiv und Grafiken): Theo Hüllenbrandt, Memmingen
Redaktion: Werner Buchner

ISBN 3-7058-0857-5

INHALT

Aufforderung zum Tanz

„Wir haben euch mit Flöten aufgespielt,
aber ihr wolltet nicht tanzen",

so heißt es in einem Gleichnis Jesu (Mt. 11,17). Jesus vergleicht seine glaubensunwilligen Zeitgenossen, die ihre Ohren vor seiner Botschaft verschließen, mit den spielunwilligen Kindern, die nicht dazu zu bewegen sind, ein fröhliches oder trauriges Spiel mitzuspielen, die immer nur alle Vorschläge blockieren. Wenn gespielt wird, dann muß man tanzen.

Aber warum sollte der Tanz in unserem Leben so wichtig sein? Unser Leben ereignet sich nun einmal in großen Rhythmen, und wer sich dem Lebensrhythmus entzieht, der kann auch nicht wirklich lebendig bleiben, er stirbt ab und versteinert. Immer wieder werden wir deshalb in eine große Bewegung hineingenommen, müssen wir uns wandeln, damit wir zu einer neuen Lebensgestalt finden. Es ist ein herrlicher Wirbel, in den wir einverleibt und mitgerissen werden. Immerfort entstehen neue Figuren, werden uns Begegnungen geschenkt, müssen wir auch wieder Abschied nehmen, werden die Positionen neu gemischt, uns ungeahnte Chancen angeboten. Und jeder muß seinen Platz im Reigen finden, der Tanzende wagt sich in den Wandel, um sich selbst zu finden.

Aber es ist nicht nur der Tanz mit unseren Mitspielern und mit den Kräften der Welt, in den wir eingeschlossen werden, es ist auch ein Tanz mit Gott und auf Gott hin.

„O Kraft der Weisheit,
in Kreisen umkreisend,
das All umfassend,
auf einen Weg hin, der das Leben enthält",

so heißt es in einem Hymnus der Hildegard von Bingen. – Wir leben ja nicht nur unser kleines unscheinbares Leben, sondern sind eingebunden in das große „Spiel der Kräfte", in den heilsgeschichtlichen Wirbel von Zeit und Ewigkeit. Immer bricht in unser kleines Leben die große ewige Macht Gottes ein, die uns aus der Kleinheit herausholt.

Beim Tanz geht es „ums Ganze", um Tod und Leben, wir dürfen das Hohe und das Niedrige erfahren, das Große und das Kleine, wir dürfen jubeln und traurig sein. Sehnsucht und Erfüllung finden ihren Ausdruck, Einsamkeit und Gemeinschaft, das Zusammensinken und das Über-sich-Hinauswachsen. Im Tanz dürfen wir erfahren, daß sich das Chaos ordnet und eine Harmonie entsteht, es kann eine Mitte gefunden werden, um die sich alles dreht.

Maria-Gabriele Wosien, die sich seit Jahren um die Wiederbelebung des sakralen und liturgischen Tanzes bemüht und dazu wie kaum eine andere befähigt ist, weil sie neben ihren differenzierten musikwissenschaftlichen und tanzhistorischen

Kenntnissen auch solche der Kunstgeschichte und der Kulturhistorie mitbringt, legt hier ein Buch vor, das musikalische und tänzerische Beispiele aus der ganzen Welt und aus verschiedenen Zeiten und Epochen vereinigt. Eine weite Perspektive wird uns angeboten: Gebetsformen und -texte aus den Psalmen, der Hymnendichtung, der Meßliturgie, aus den Festen des Kirchenjahres, aus dem Lebenszyklus. Die musikalischen Beispiele sind aus der Liturgie der Ost- und Westkirche gewählt. Aber auch neue Kirchenmusik aus Afrika und Lateinamerika und Volksmusik aus dem Balkan sind einbezogen. Die choreographische Anleitung – bei der die elementaren Symbolformen sinnvoll erschlossen werden – ist so, daß tanzgewohnte und experimentierfreudige Gruppen diese Tänze unmittelbar in ihre eigene Praxis einschließen können.

Wohltuend an diesem Werk ist besonders, wie behutsam und verantwortlich in die Formen des Gebets-Tanzes eingeführt wird. Wenn der Kirchenraum wieder für tänzerische Bewegung und pantomimischen Ausdruck zurückgewonnen werden soll, dann muß das mit großem Feingefühl geschehen.

Man kann – wie mir scheint – die Wiederentdeckung des religiösen Tanzes in seiner Bedeutung für die Kirchen Europas kaum überschätzen. Endlich bekommt der Leib mit seiner Gestensprache und dem Reichtum seiner Ausdrucksmöglichkeiten wieder seine Chance geboten. Sind nicht die Gebetsgebärden im Laufe der Zeit so verkümmert, daß der Glaube des Menschen kaum mehr die Möglichkeit hatte, sich auch leiblich auszudrücken und in die Sichtbarkeit zu heben. Endlich zeichnet sich heute eine Überwindung der Leibverkümmerung ab, auf daß der Glaube seine Ganzheitlichkeit wiedererlangt.

„Die Steine werden schreien, heißt es, wollt ihr dem Leib allein seine Sprache verweigern?", so hat Paul Claudel gefragt. Nun, es sieht ganz so aus, als bekäme der Leib endlich seine Sprache zum Lob Gottes zurück.

Thannhausen, 12. März 1990

Otto Betz

EINFÜHRUNG

„Wo Liebe sich freut, da ist Fest."
Im Sinne der Worte des Kirchenvaters Johannes Chrysostomos[2]) möchte dieses Buch an die Tradition des bewegten Gebetes anknüpfen und das spontane Gotteserlebnis mit der Struktur ritueller Feier verbinden.

Die Vorstellung vom Tanz Gottes, durch den die Schöpfung geboren, erhalten und durch ihr periodisches Sterben neu geformt wird, ist den meisten Kulturen eigen. Der Tanz der Gottheit ist das zeitlose bewegte Bild eines unendlichen Schöpfungsgedankens, der aus einer unvorstellbaren Dimension hineinleuchtet in das Geschehen der Natur und das Leben des Menschen.

Von alters her wurde der Tanz zu religiösen Feiern rituell eingesetzt, um die Handlung der vorgegebenen Thematik zu steigern, denn die Erlebniskräfte, die beim Tanzen freigesetzt werden, lassen den Menschen hinauswachsen über das rein Persönliche, indem er sich mit dem schöpferischen Grund verbindet und so auf die Natur Einfluß nehmen kann. Dafür gibt es ungezählte Beispiele in Fruchtbarkeits- und Heiltänzen. *Tanz als Gebet* meint aber im besonderen die Wandlung der menschlichen Natur.

Für die Glaubenspraxis einer sich neu konstellierenden christlichen Ökumene möchte diese Arbeit ein Angebot machen einer einfachen Gebärdensprache, die eingebunden ist in die Form des Reigentanzes. Nach antikem Vorbild ist der Reigen Echo und Kommentar als äußere Form für die zentrale dramatische Handlung christlicher Themenkreise. Wenn der Geist den Körper bewegt und dieser wiederum durch Bewegung den Geist erhebt, ist es das Gebet des ganzen Menschen und meint die Ausrichtung von Leib, Seele und Geist. Für die Zwiesprache mit Gott ist es Einstimmung und durch Haltung und Gebärde Ausdruck seines Inhaltes.

Die Eucharistie, als Tischgemeinschaft Christi und Grundlage einer geistigen und menschlichen Gemeinschaft, bedeutet auch eine befreiende Bewegung durch die Erfahrung der göttlichen Präsenz inmitten derer, die in seinem Namen versammelt sind. Der Tanz als Gebet – wenn für Momente die Seele den Körper trägt und seine Materie durchscheinend wird für die Bewegung des Geistes – möchte sich als Übung des christlichen Weges verstanden wissen. So wie Gesang gesteigerte Sprache ist, kann der getanzte Gesang höchster Ausdruck des Glaubens sein, indem er das Ausgespanntsein des ganzen menschlichen Wesens auf Gott hin verkörpert.

Bei den Sing-Tänzen, die im Verlauf dieser Arbeit vorgestellt werden, ist es das geistliche Lied, welches die Bewegung trägt und mit Gebärden seine Inhalte andeutet. Durch alle Jahrhunderte hindurch haben sich Tänze erhalten, an denen auch der Klerus teilnahm.[3])

Dieses Buch, mit seinen Musik- und Bewegungsbeispielen, ist ausschließlich praxisorientiert. Es ist als Vorlage für das Tanzen mit Gruppen gedacht und richtet sich speziell an Menschen mit Musik- und Tanzinteresse im liturgischen Bereich, welche die Tanz-Modelle mit den dazugehörigen Musikbeispielen für sich üben und dann auch weitergeben können. Ein Bewegungschor kann dann die Aufgabe der Tanzgestaltung des Gottesdienstes übernehmen, auch unter Miteinbeziehung der Gemeinde.

Die Tänze gliedern sich zu den Themen der Meßliturgie, den Festen des Kirchenjahres und dem Lebenszyklus des Menschen. Der musikalische Rahmen, die Bild- und Bewegungselemente sind so aufeinander abgestimmt, daß sie die Glaubensinhalte ganzheitlich vermitteln. Die musikalische Traditionen der räumlich und zeitlich weit verstreuten Gemeinden – von Taizé bis Südamerika, von der Gregorianik bis zum Spiritual und zur Ostkirche – möchten das Interesse und Verständnis für die Verschiedenheit und Vielfalt christlicher Kultur wecken und durch sie zu einem neuen Reichtum liturgischen Feierns beitragen.

Maria-Gabriele Wosien

Tanz als Gebet

ÜBER DEN SAKRALEN URSPRUNG DES TANZES

„Mache dich auf, werde Licht,
denn dein Licht kommt,
und die Herrlichkeit Gottes
geht auf über dir."

(Jesaja 60,1)

Gezeichnet von einer lebendigen, leibhaftigen Gotteserfahrung, kündet der Prophet von einem dynamischen, wandernden Gott, der die ganze Erde durchdringen will mit seinem Geist. Sein eindringlicher Aufruf an den Menschen, die Wirklichkeit für sich erfahrbar zu machen, birgt das Versprechen göttlicher Epiphanie, des Heilsgeschehens hier und jetzt: die Erfüllung des Sich-auf-den-Weg-Machens ereignet sich überall da, wo der Glaubende mit seinem Wesensgrund in Berührung tritt.

Von der Vorzeit bis in die Anfänge des Christentums suchte der Mensch sein Leben im Jahreslauf durch Kulte und Feste in Einklang zu bringen mit der kosmischen Ordnung des Jahres, mit den Rhythmen von Sonne und Mond, mit dem Kreisen der Planeten.

Ein Meisterwerk frühchristlicher Kunst aus dem 5. Jh., der vollständig erhaltene Mosaikboden im Narthex der großen Basilika Heraklea Lynkestis[4]), projiziert die himmlische Bewegung des kreisenden Rades auf die Erde. In seiner vielfältigen Darstellung und Aufteilung, in der Verbindung mit Pflanzen- und Tiermotiven ist es ein irdischer Wegweiser für den Gläubigen. Die eucharistischen Symbole im Zentrum der 100 m² großen Fläche stehen vermittelnd zwischen den Symbolen der Unterwelt (Zerberus, an einen Baum gekettet), der Erde (Tiere mit ihrer Beute) und des Paradieses (Bäume, Sträucher und Vögel).

Noch das frühe Christentum verstand die Gottesbegegnung in der Natur, im Leib auch als getanztes Gebet, als Einübung in die himmlische Tanzkunst im Sinne einer Vorahnung der Vollendung. Dieses umfassende Bewußtsein findet Ausdruck im Bild des Kosmos als Leib Gottes:

„...Wißt ihr nicht, daß eure Leiber Glieder Christi sind?...
daß euer Leib ein Tempel des Heiligen Geistes ist,
der in euch ist und den ihr von Gott habt?...
ihr seid teuer erkauft; darum preist Gott mit eurem Leib."[5])

Aus dieser Sicht ist der Tanz als Gebet bewegte Form für das Unsichtbare – der tanzende Leib als Tempel öffnet ein Fenster hin zur Ewigkeit.

Für den Tanzend-Betenden ist der unendliche Gegenstand seiner Verehrung das Du, das aus der eigenen Mitte geboren wird in der Sammlung und Stille konzentrierter Bewegtheit; dieses Du findet seine äußere Entsprechung im Zentrum des Kreises.

Der Kreis ist die Modellform aller Reigen. Er ist das Abbild des Tierkreises, wobei sich der geschlossene Kreis, als Symbol der Sonne, mit dem Halbkreis, als Symbol des Mondes – mit einer dunklen, unsichtbaren Hälfte –, in der Doppel- oder Umkehrspirale verbindet. Die Spirale, die in sich wieder umkehrt, symbolisiert die sich entfaltende und wieder abnehmende Kraft der beiden Sonnenjahreshälften, die zyklische Wiederkehr von Leben und Tod und die Erneuerung durch Umkehr, durch die Begegnung mit der Tiefe.

Spirale und Rhombus, mit seinem zentralen Sonnenauge und den vier Wendepunkten, Kreis und Halbkreis sind die urtümlichsten und zugleich allgemeingültigsten Zeichen für den Weg des Lichtes im Jahr. Diese seit ältesten Zeiten in kultische Steine gehauenen Symbole sind grundsätzliche Aussagen einer kosmischen Gesetzlichkeit und Ausdruck menschlicher Wahrnehmung.

Für diese Symbole gibt es ungezählte Beispiele als Raumformen und Schrittmuster in der europäischen Tanzfolklore, die aber kaum mehr als religiöse Wegsymbole, als Spuren Gottes im Raum, erfahren werden. Wie im Verlauf dieser Arbeit aufgezeigt werden soll, ist jedoch die Vorstellung von der Welt als Erscheinung und Spiegelung des Geistes grundlegend für den Reigentanz.

Auf dem Horizont der Wirklichkeit, den der Tänzer auf der Kreisbahn beschreitet, setzt er durch seine Bewegungen sichtbare, äußere Zeichen für die Dimension des Geistes und wächst so aus der Endlichkeit seiner Wahrnehmung über sich selbst hinaus.

Auf die Frage des Bernhard von Clairvaux[6]):

> *„Warum erkennt mein Auge den Himmel,*
> *warum erkennen ihn die Füße nicht?"*

kann der Tanzend-Betende antworten: „Wandelnd auf den Spuren des Schöpfers werden die Füße sehend."

Die Wirklichkeit Gottes, das „Ich bin von Ewigkeit zu Ewigkeit", das im Reigentanz als Kreis gestaltet ist, bedeutet, daß Gottes Anfang und Ende eins sind, wie auch die Füße des Erleuchteten sein ganzes Bewußtsein tragen.

Der Reigentanz als Ritus ist symbolische Darstellung der Bewegung des himmlischen Rades in seiner Auf- und Abwärtsdrehung und, in seiner Spiegelung im kleinen, das Bild des Kreislaufs menschlichen Lebens.

Das kreisende Rad ist auch umfassendes Symbol für den Ordnungsgedanken im Weltall, das als großes Lebewesen verstanden wurde. Infolge der Drehung des kosmischen Rades kommen alle Wesen miteinander in Berührung, denn sein Umkreis ist die geoffenbarte Welt. Auf seinem Weg ist es dem Tänzer gegeben, den Kreis immer wieder neu von der Mitte her zu gestalten. Durch diese *imitatio Dei* wird er zum Mitschöpfer des gleichermaßen zeitlosen wie zeitgebundenen Ablaufs.

Die Gestalt des Kreises, Sinnbild des einen Lebens, richtet sich auf ein Geheimnis hin: der wahre Mittelpunkt entsteht dort, wo sich das Opfer am Altar vollzieht, das ist im Zentrum des Sakralbaues wie im Herzen des Tänzers. Durch das getanzte Gebet als geistiges Offenbarungsgeschehen erhält die Allgegenwart der Raummitte immer neu ihre Bestimmung.

In der christlichen Kunst hält die Trinität, das große Wesen des Anbeginns, das lebendige Rad in ihren Armen. Sie trägt es vor ihrer Brust, es ist ihr Herz. Dieses Rad ist durchzogen von einem Netz von Lichtfäden, welche die vielfältigen kosmischen Bezüge setzen und sich verdichten im Gewebe der Natur.

13

Die sechs Schöpfungstage und der siebente, der Ruhetag, erscheinen als das sechsspeichige Rad mit einer gestalteten Mitte. Die Speichen sind ein gleichzeitiges Ausströmen der Liebesenergie aus der Tiefe der göttlichen Wesenheit. Sein Opfer ist die Begrenzung in Raum und Zeit, wodurch das Eine sich in die Vielfalt teilt.

Das schöpferische Prinzip im Universum gestaltet Ordnung durch die Proportion der Zahl. In dieser Ordnung steht alles miteinander in Verbindung und wiederholt sich periodisch-zyklisch im Sonnenjahr, dem Abbild im kleinen des Weltenjahres, das den Bogen spannt vom ersten Schöpfungstag bis zum Weltgericht am Ende der Tage. In diesem Kreislauf der Zeit ersteht das Leben immer wieder neu.

Durch die Ausrichtung des religiösen Bewußtseins in die Höhe wurde der Himmel geschaut als eine ständige Offenbarung. Von ihm, der Wohnung des Allerhöchsten, wurde die rhythmische Folge der Gezeiten abgelesen. Noch im Mittelalter gehörte die Zeit Gott, war sie eine Qualität, die Zeichen setzte für das rituelle Leben der Menschen.

Diese Qualität der Zeit wird im Jahreszyklus in den Festen gefeiert, den sich wiederholenden Zeichen des Schöpfungsimpulses. Die Vierteilung des Jahres – veranschaulicht in den Segmenten des Rad-Kreises, in denen die schöpferischen Kräfte besonders wirksam sind – beruht auf der Geburt oder Neugeburt des Lichtes im Winter, dem Erwachen der Natur im Frühjahr, dem Höhepunkt ihres Wachstums im Sommer und ihrem Sterben im Herbst; mit jedem neuen Jahr entsteht wieder die Vollkommenheit des Anbeginns.

Das Jahr als Kreis des Heiles wurde zum Kirchenjahr – *annus est Christus* – mit seinem heilsgeschichtlichen Drama der Erwartung, der Geburt bis hin zur Wiederkunft des Erlösers. Die Zeit, Geschichte geworden, läuft auf diesen Zeitpunkt zu und geht neu von ihm aus.

Festzeiten sind auch Zeiten der *metanoia*, der Umkehr des Bewußtseins, um von Angesicht zu Angesicht zu kommen mit der zeitlosen Gegenwart: was einst geschehen ist, wird hier und jetzt lebendig unter dem Aspekt der Ewigkeit.

Die Orientierung nach den wiederkehrenden Heilszeiten strukturiert auch den sakralen Raum, um in ihm die rituelle Wiederholung der Weltschöpfung und -erneuerung zu feiern. Wie der Augenblick, gemessen an der Zeit, so ist die Mitte des heiligen Raumes der Ort, von dem aus die Welt *sub specie aeternitatis* betrachtet werden kann. Sie verkörpert den Einstieg in die Ewigkeit, als der Ort, an dem der Opferaltar steht. An der Nahtstelle der göttlichen und menschlichen Wirklichkeit ist der Opferritus das zentrale Geschehen, das den doppelten Ursprung des Menschen versöhnt.

In der Symbolsprache der Heiligen Schrift wollte das Licht hinuntersteigen in die Finsternis, um das im Dunkeln Gebundene zu erlösen und zum ewigen Licht zu führen. Im Meßritus inkarniert sich Christus in den dargebrachten Substanzen von Brot und Wein – beide Substanzen unterliegen in der Natur dem jährlichen Stirb und Werde –: er leidet, wird getötet, begraben, bricht die Macht des Todes und steht auf in Glorie.

Der tanzende Mensch, der in der Gemeinschaft der Mittänzer auf dem Weg ist, den ihm die Lichtbahn vorzeichnet, ist lebendiges Symbol für die Verbindung von Himmel und Erde und in sich selbst ein vollkommener Mikrokosmos. Sein individueller Bewegungsablauf wird geordnet, zentriert und durch die Kraft der Mitte belebt, erhalten und gewandelt. Durch diese Orientierung zur Mitte hin, um die sich der Umschwung aller Dinge vollzieht, hat der Gläubige als Tänzer teil am sich wandelnden und sich stets erneuernden Gott.

So ist der Tänzer der von Gott Begnadete: in der Hinwendung zur Mitte erfährt er die Segnungen des Ursprungs, dadurch, daß er auf der Peripherie des Kreises entlangtanzt, „verleibt er sich Gott ein", und vermöge seines sich wandelnden Standpunktes wandelt er sich selbst, indem er in der Mitte ruht.

Im Zentrum des heiligen Raumes steigt spiralförmig die Himmelsleiter auf und ab als Bindeglied zwischen den Welten. Christus Pontifex ist das Tor zur Ewigkeit, seine Wandlung ermöglicht die Wandlung der Seele.

Alfons Paquet[7]) hat einmal den Wunsch nach einem Fest ausgesprochen, das gleich einem Welt-Pfingsten die Menschheit – wenn auch nur für eine Stunde – vereinen würde. Die Einübung in die Gegenwart Gottes im bewegten Gebet ist zukunftsweisende Erinnerung. Sie verbindet das Feuer des Geistes durch alle Zeit mit den Lichtwelten, die Gott vor dem Menschen schuf, und die leuchten durch ihre Beziehung zu Ihm.

Im Tanz als Gebet wird der Mensch sich wieder zurückgegeben in die Einheit mit seinem Schöpfer, in der göttlichen Gegenwart des Augenblicks, der einem verzehrenden Feuer gleicht, in dem der Gläubige brennt, ohne zu verbrennen.

DAS MENSCHENBILD IM GETANZTEN RITUS

„Siehe, ich sage euch ein Geheimnis:
wir werden nicht alle entschlafen,
wir werden alle verwandelt werden ...
denn das Verwesliche muß anziehen
die Unverweslichkeit, und dies Sterbliche
muß anziehen die Unsterblichkeit."

(1 Kor 15,51.53)

Wie das Jahr Sinnbild für das kreisende Leben ist, so verkörpert der Ritus die Struktur des göttlichen Gesetzes in festgelegten, wiederholbaren Abläufen und vermittelt so die erlösende Erfahrung, daß es der Urgrund des Seins ist, welcher alles Leben gestaltet, unabhängig vom menschlichen Willen. Dabei werden die zeichenhaften Handlungen des Ritus durch das bewegte Gebet, den Tanz, erhöht und besonders wirksam gestaltet.

Paradigma des Erlösungsweges ist das Kirchenjahr: die Menschwerdung Gottes beinhaltet zugleich das Erwachen der göttlichen Natur im Menschen durch die Nachfolge des Aufrufs: „Tut dies zu meinem Gedächtnis!" Eine besonders intensive Gestaltung des Stirb und Werde im Jahreszyklus als göttlich-menschliche Erfahrung ist der Ritus der Messe.

Hippolyt von Rom[8]) konnte aus seiner Kenntnis des getanzten Opferritus als integralem Bestandteil des Auferstehungsglaubens noch im zweiten nachchristlichen Jahrhundert Christus als den Vortänzer im mystischen Reigen verstehen, als Urbild des Gottesmenschen und Vorbild für den Gläubigen, als die den gewöhnlichen Menschen überragende und umfassende Ganzheit:

„O der gar großen Geheimnisse! ...
Der Logos sprang vom Himmel in den Leib der Jungfrau,
er sprang vom Mutterleib hinauf auf den Kreuzbaum,
vom Baum in den Hades,
er sprang vom Hades in menschlichem Fleisch wieder auf die Erde –
o der neuen Auferstehung!
Und er sprang von der Erde in den Himmel, wo er sitzt zur Rechten des
Vaters.
Und wieder wird er springen auf die Erde mit Herrlichkeit,
um zu geben Vergebung."

Geburt, Tod, Auferstehung und Wiederkunft sind die Themen des einen Kreislaufes. Im *Reigen Jesu*[9]) werden die zwölf Jünger zum Sinnbild der im Rund tanzenden Gestirne des Zodiakus; auch die Acht, das heilige Kreuzzeichen der kreisenden Sonnenwendpunkte im Jahr, und schließlich die Gnade, das Symbol des Allerhöchsten, werden als tanzend geschaut. Christus, der inkarnierte Logos und Vortänzer, ist der Punkt im Zentrum, durch den die Gnade sich in die Schöpfung verströmt. Die an der Kreisperipherie im kosmischen Gleichnis des rotierenden Sternenhimmels mittanzenden Jünger sind die verschiedenen Erscheinungsformen des einen Urbildes.

In der Mitte des Kreises tanzt Christus das Geheimnis seiner Menschwerdung, offenbart sich tanzend als der Erlöser, der die zerstreuten Glieder seines Leibes sammelt und ihnen in der Zusammenfügung *seine* Gestalt verleiht. Dieses Geheimnis der kreisenden Ewigkeit, die in der Zeit das Schicksal des Auf und Ab „erleidet", spiegelt sich im Tanzreigen. Christus, der Pol der Ruhe im Zentrum, vereint die Gegensätze von Raum und Zeit, versinnbildlicht im Symbol des Kreuzes.[10]

Himmel und Erde verbinden sich, wenn die Wahrnehmung der äußeren Erscheinungsformen deren Hintergrund miteinbezieht. In unserer Zeit wurde durch die Erfahrung des räumlichen Abstandes vom Körper der Erde eine neue Sichtweise möglich. Sieht man sie aus der Ferne des Weltraumes, durchziehen die Flüsse wie ein weit verzweigtes Netz von Adern ihren Leib, der als ein lebender Organismus erscheint; Berge, Täler und Landmassen bilden die Struktur ihrer Haut, und die differenzierten Abstufungen der Farben atmen das Leben, das sie schenkt.[11]

Nachdem der Mensch das Universum entgöttert und entseelt hatte, blieb er allein übrig als mit einer Seele begabt und wurde so zum Herrscher über ein Arsenal lebloser Dinge. Ist die eigene Leiblichkeit aber durchseelt, dann können die abgespaltenen Teile wieder als zu einer Wirklichkeit zugehörig erlebt und die ewig schaffenden Urbilder in den Bildern der Welt neu erkannt werden.

Der Leib ist das Bindeglied zwischen der Außen- und Innenwelt, und im Tanz, als dynamischem Bild des Auf-dem-Weg-Seins, ist er der Ort der Gottesbegegnung. Der Weg führt von der Fragmentierung sinnlicher Wahrnehmung über das Bewegungssymbol zur Erfahrung des Sinnganzen: durch die integrierende Kraft der Hinwendung im Tanz werden die Tänzer ein Leib.

Um im periodischen Lauf der Zeit die Dauer zu finden und das Eigentliche, Wesenhafte wahrnehmen zu können, muß das Innere des Körperraumes leer werden. Eine feinere Energie wird dann erfahren, wenn durch bewußte, konzentrierte Anstrengung und wiederholtes Orientieren an der Tanzform und Gebärde ein Gleichgewicht entsteht von verhaltener Ruhe und tänzerischer Bewegung.

In den zeichenhaften geometrischen Tanzformen und Gebärden ist das Wesenhafte konzentriert, durch ihre Wiederholung wird das Wiedererleben des zugrundeliegenden schöpferischen Zustandes möglich. Als Ausdruck eines allgemein menschlichen, kollektiven Bewußtseins haben sich Tanzformen und Gebärden längst nicht so stark gewandelt und differenziert wie die Sprachen der Völker, vielmehr sind sie über Jahrhunderte hindurch konstant geblieben und sind in ihrem Ausdruck allgemein verständlich.

Viele wesentliche religiöse Erfahrungen erschließen sich erst über die rituelle Bewegung.[12] Die Gebärde in ihrer reinen Form, zum Beispiel, leitet ein in die Stille, in den Zustand des Gebetes, in dem sich die Bilder der Seele mit dem göttlichen Grund vereinen. Im Zustand des Gebets bin ich mit Gott und meinem Nächsten eins: überall dort, wo ich dem Göttlichen durch meine Anbetung Gestalt gebe, kann das Reich Gottes entstehen.

Durch das Medium des Tanzes ist es dem Gläubigen in besonderer Weise gegeben, die Rhythmen des religiösen Lebens im lebendigen Fluß der Bilder zu gestalten, um die Einheit der Gegensätze zu erfahren und erfahrbar zu machen im Sinne des apokryphen Bibelwortes:

> *„Wenn ihr nicht das Rechte macht wie das Linke,*
> *und das Linke wie das Rechte,*
> *und das Oben wie das Unten,*
> *und das Hinten wie das Vorne,*
> *werdet ihr das Himmel-Reich nicht erkennen."* [13]

Die Formen der Tanzfiguren, die der Tänzer im Bewegungsverlauf auf die Erde zeichnet, sind abgeleitet von der Bahn der Gestirne und von den Rhythmen und Elementen der Natur:

 Der Kreis steht für die Sonne als Symbol der Ganzheit und Unveränderlichkeit.

 Der Halbkreis ist Symbol für den Mond, für Wandlung und Wechsel.

 Die sich ein- und ausrollende Umkehrspirale wie auch der Mäanderweg sind Abwandlungen der Sonnen- und Mondmotive.

 Das Kreuz bezeichnet die Sonnenwendpunkte und steht im christlichen Kulturkreis spezifisch für den Schicksals- und Erlösungsweg des inkarnierten Gottes.

 In seiner Unterteilung als sechs- bzw. achtspeichiges Rad betont das Kreuz die besonderen Aspekte göttlichen Wirkens in der dynamisch fließenden Zeit.

 Das Christusmonogramm, das man gewöhnlich als ein Ineinanderschreiben der griechischen Anfangsbuchstaben X = Chi und P = Rho deutet, kann man auch, bezugnehmend auf das göttliche Wesen Christi, als das Zeichen dessen sehen, in dem „die Fülle der Gottheit leibhaftig wohnt" (*Kol 2,9*). In diesem Sinne ist es die Formel vom kosmischen Erscheinungsbild Christi: das sechsspeichige Sonnenrad ist Sinnbild der göttlichen Wesenheiten, vereint im All-Einen Gott, die eingefügte Sichel des aufgehenden Mondes Symbol für den alttestamentarischen Gott Jahwe, der die frühen lunaren Gottheiten in sich vereint. So gesehen ist Christus als Pantokrator angesprochen, der Anfang und Ende aller Dinge, der Sonne, Mond und die Vielzahl der Wesen geschaffen und der in seiner Person die Gottesvorstellungen des Alten und Neuen Testamentes vereint.

 Der Tag- und Nachtzyklus ist in der Raumform des Kreises mit einbezogen und wird durch die Bewegung des Tänzers weiter veranschaulicht: durch die Zu- bzw. Abwendung von der Mitte und die Drehung um die eigene Achse.

Die verschiedenen Bewegungsrichtungen im Tanz sind angedeutet durch:

und die Ausrichung der Körperfront mit:

In der Verbindung beider Zeichen, immer gemessen am Kreiszentrum, können z. B. die folgenden Variationen entstehen:

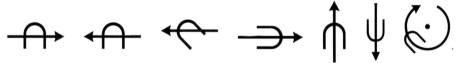

(Für die Aufschlüsselung der Raumsymbole, Bewegungsrichtungen und Gebärden s. S. 122.)

In den ersten nachchristlichen Jahrhunderten konstellierten sich die Festzeiten im Jahreskreis zu drei Gruppen: den Christus- und Marienfesten und – seit dem 2. Jahrhundert – auch zu den Heiligenfesten, die anfänglich Erinnerungsfeiern der Märtyrer waren, deren Todestag als ihr wahrer Geburtstag gefeiert wurde.
Kern des Kirchenjahres ist die Woche vor Ostern mit ihrem zentralen Thema des Erlösungsdramas, das sich in Christi Himmelfahrt und der Ausgießung des Heiligen Geistes vollendet, durch den „das Angesicht der Erde" erneuert wird.
Der einzige Tanz, der sich aus der frühen Zeit des Christentums bis hinein in unsere Tage erhalten hat, ist die Prozession:

„Habe acht auf dein Schreiten, wenn du eintrittst
in das Haus des Herrn." [14])

Hl. Abendmahl, Fresco in der Apsis, Kathedrale St. Sophia, Ohrid, 11. Jh.

Die Prozession stellt das ursprünglichste aller Anliegen im rituellen Brauchtum dar, nämlich die gemeinsame rhythmische Bewegung hin zum Ort der Epiphanie. Überliefert sind Einzugs- und Auszugsprozessionen, die Gabenprozession zum Altar, die Prozession mit der Heiligen Schrift und hin zum Empfangen des Abendmahls, die Karfreitagsprozession mit den Gebetsstationen auf dem Leidensweg Christi und die vielen verschiedenen Pilgerprozessionen zu einem besonders geheiligten Ort.

Im Kirchenraum führt der Weg vorbei an den zwölf Apostelzonen im Zentralschiff hin zum Opferaltar. In der Ostkirche ist der Altar sowohl Opferstein als auch das Grab Christi, errichtet über dem Reliquienschrein der Heiligen, und er ist der Thron Gottes.

Auch in den Kirchenbauten sind so die rechten Wege vorgegeben: sie sind in Stein gehauene bildliche Reisen der Läuterung zum Ursprung der Schöpfung. Wie im Tanzreigen führt der Weg den Gläubigen von West nach Ost. Es ist ein Stufenweg, der mit Reinigung und Buße beginnt – in den französischen Kathedralen des Mittelalters gab es auf dem Boden hinter dem Westportal eingelassene Labyrinthe, die den Pilger im Abschreiten bzw. Durchtanzen in die Tiefe der Unterwelt führten und ihn durch die Umkehr im Zentrum auch eine symbolische Himmelfahrt erleben ließen. Hinter dem Altar in der Apsis ist das Bild Christi, der sich selbst als Weg bezeichnet hatte (siehe Abbildung oben). Die Nord-Süd-Achse deckt sich mit dem Achsenkreuz der sichtbaren Welt. So ist der Kirchenbau der Leib Christi als Pontifex, der auf dem Kreuzweg einen Aufstieg zu Gott vorzeichnet.[15])

Die Darstellung religiöser Symbole ist in ihrer Anordnung auf dem Weg rhythmisch gegliedert in Ganzplastiken oder Reliefs bzw. – in der frühen Zeit – auch in Fresken. Dabei ist eine wechselseitige Beziehung von geometrischen Symbolen und figürlichen Formen augenfällig. Dieses Zusammenspiel von ausgestaltetem Bild und als geometrische Form angedeutetem Symbol ist in die Gestaltung dieser Arbeit mit aufgenommen worden.[16]

Die Tanzrichtung des Reigens ist generell von Westen nach Osten, gegen den Uhrzeigersinn, als Weg der Sehnsucht zum ewigen Lichtausgangspunkt hin. Getragen wird der Tänzer von der Erinnerung, die aus dem Dunkel fließt. Der zeitlose Weg in seinem tänzerischen Nachvollzug ist gestaltet durch die Dynamik der Schritte, den Wechsel von Spannung und Gelöstheit, von Auf und Nieder, Vor und Zurück.

In seinem Wachstum gleicht der Mensch dem Baum, dessen Wurzeln in die Erde reichen, dessen Krone zum Himmel ragt und dessen Zweige sich in den Raum ausbreiten: Leben, Tod und Regeneration bilden den Kreislauf seines Daseins. Wie der Baum und das ihm verwandte Symbol des Kreuzes hat der Mensch eine Zeitachse, die Vertikale, die seine Herkunft und sein Ziel verkörpert – Woher komme ich? Wohin gehe ich? –, und eine Raumachse, die Horizontale, die ihn mit der Welt als dem Du verbindet: wo beide Achsen sich treffen, ist seine Erlebnismitte.

Die Gebetsgebärden gliedern sich in Gruppen- und Einzelgebärden und versinnbildlichen die Richtungen im Raum als den menschlichen Umkreis. Immer gehen sie von der Körpermitte aus und bezeichnen:

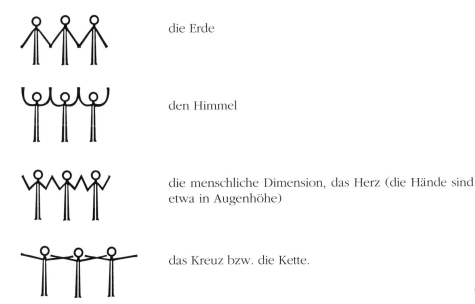

die Erde

den Himmel

die menschliche Dimension, das Herz (die Hände sind etwa in Augenhöhe)

das Kreuz bzw. die Kette.

In der Verbindung der Hände ist die Rechte geöffnet (Handfläche zeigt nach oben), in die der rechte Nachbar seine Linke legt (Handrücken zeigt nach oben). Variationen zu den hier angeführten Grundhaltungen der Verbindungen zwischen den Tänzern sind zu den Tanzbeispielen jeweils angegeben.

Die Einzelgebärden haben eine größere Möglichkeit der Differenzierung, unterscheiden ebenso wie die Gebärden im Verbund die Richtungen im Raum, verfügen jedoch über eine stärkere Ausdrucksfähigkeit in ihren Varianten. Es unterscheiden sich zwei Hauptgruppen: die extrovertierten, nach außen weisenden Gebärden (bzw. nach oben, unten, vorne) – wie z. B.:

und die introvertierten Gebärden, die den Innenraum bedeuten wie z. B.:

Die Haltung des Kopfes und die Blickrichtung sind im Verzeichnis zu den einzelnen Gebärden angegeben. Das Augenmerk, das immer Ausdruck des Bewußtseins ist, kann die Bewegungen begleiten oder aber in der Kreismitte ruhen.

Die symbolhaften Raumformen und Schrittmuster des Reigentanzes sind Hinweis auf das zugrundeliegende geistige Substrat. Symbolformen werden zu dekorativen Elementen, wenn das mythisch-religiöse Erleben erlischt. Die unmittelbare Präsenz des Geistes ist aber zeitlos wirksam im Augenblick der Hinwendung zur Mitte. Das ist der Moment im Tanz, wo die Mitte ihren schöpferischen Ursprung entfaltet, wenn Raum und Zeit zusammenfallen im Hier und Jetzt, am Ort, der kein Ort ist, in der Erfahrung des lebendigen Ursprungs.

In der tänzerischen Bewegung, durch Klang und Rhythmus, eingebettet im rituellen Ablauf des Festes, erfahren die natürlichen Elemente im Zusammenspiel ihrer Kräfte eine Alchemie der Verwandlung, von der Paulus in seinen Lehrbriefen beredtes Zeugnis ablegt. Das Göttliche will in allen Dingen leibhaftig werden. Im Menschen hat es seinen höchsten Ausdruck gefunden und möchte in ihm immer neu geboren werden. Im Tanz als Gebet ist die Möglichkeit gegeben dafür, daß sich die Umpolung des natürlichen in den göttlichen Ursprung des Menschen vollzieht.

Introitus

Nach einem Ausspruch von Wilhelm von St. Thierry (✝ 1148) gefiel der tanzende David Gott nicht so sehr wegen seines Tanzes, sondern wegen seiner Liebe. Für den Psalmisten wohnte Gott im Himmel bzw. im Tempel. Von dort nahm Er bei feierlichen Prozessionen Seinen Auszug, erschien durch die heilige Lade, um so dem Volk Zeugnis Seiner Herrlichkeit zu geben, und dieses erlebte Seine erhebende Nähe.

Die Auffassung, daß sich die Gottheit von Opfern ernährt, ist so alt wie die Geschichte des religiösen Bewußtseins. Doch schon in den Psalmen verweist der Dichter öfters auf die Vorliebe Jahwes für das gesungene und auch getanzte Lob- und Dankopfer, im Gegensatz zum Schlachtopfer der Tiere, das im Vorderen Orient eine zentrale Rolle spielte.[17]

Zum Dankopfer für Gott wie auch zur Mahlzeit des Königs gehörten Musik, Tanz und Gesang. Durch die dargebrachten Lobpreisungen wird die Mächtigkeit Gottes gemehrt; der Lobpreisende selbst wird durch das Lob und Vertrauen in Gott soweit „erhöht", daß er unverwundbar wird.

Feierlicher Lobpreis und Gemeinschaft bedingen sich gegenseitig, denn ohne die Gemeinschaft im religiösen Vollzug fehlt dem Lobpreis die menschliche Resonanz: so ging auch nur ein Teil des materiellen Dankopfers an Gott und der Rest an alle Teilnehmenden. Lobpreis als zentrales Anliegen der Gemeinschaft bildet auch die Grundlage für den Tanz als Gebet – er meint die Hinwendung zum Göttlichen im schwingenden Miteinander: das vom Gläubigen gestaltete göttliche Tanz-Drama ist von heiligem Ernst, aber auch heiter als Spiel.

Die Königsvorstellungen der Psalmen und die jahrtausendealte Sehnsucht der Völker nach dem wahren König wurden später auf Christus übertragen. Grundlage des Glaubens wurde das Gebet für die Herabkunft seines Reiches, wonach die Liebe Gottes für seine Schöpfung und die des Menschen für Gott die alles bewegende und versöhnende Kraft ist.

1. Psalm 150

König David mit Musikanten und Tänzern, Titelbild aus dem Goldenen Psalter, um 875

„... Und sie ließen die Lade Gottes führen auf einem neuen Wagen ... und David und das ganze Haus Israel spielte vor dem Herrn her mit allerlei Saitenspiel und Tannenholz, mit Harfen und Psaltern und Pauken und Schellen und Zimbeln."

(2 Samuel 6,3–5)

Zur Zeit der Hochblüte religiöser Gebetskultur, vor der Errichtung des Tempels in Jerusalem, wurden die Psalmen jeweils von mehreren hundert Sängern gesungen, die ihren Gesang mit Harfe, Leier und Zimbeln begleiteten. Aufgabe der Musik war es, die Botschaft des Wortes Gottes mit zu verkünden.

1 *halelouyah halelou – El beqodsho*	Halleluja! Lobet Gott in seinem Heiligtum,
2 *halelouhou birqia' 'ouzo*	Lobet ihn in seiner himmlischen Feste!
3 *halelouhou bigvourotav*	Lobet ihn ob seiner gewaltigen Taten,
4 *halelouhou kerov goudlo*	Lobet ihn ob der Fülle seiner Größe!
5 *halelouhou beteqa' shofar*	Lobet ihn mit dem Hall der Posaunen,
6 *halelouhou benevel vekhinor*	Lobet ihn mit Psalter und Harfe!
7 *halelouhou betof oumahol*	Lobet ihn mit Pauken und Reigentanz,
8 *halelouhou beminnim ve'ougav*	Lobet ihn mit Flöten und Saitenspiel!
9 *halelouhou betsilseley – shama*	Lobet ihn mit klingenden Zimbeln,
10 *halelouhou betsilseley – terou'ah*	Lobet ihn mit dem Schall der rauschenden Zimbeln!
11 *kol hanneshamah tehallel Yah halelouyah*	Alles, was Odem hat, lobe Gott! Halleluja!

(Psalm 150)

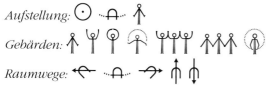

Aufstellung:

Gebärden:

Raumwege:

Rhythmen: Unregelmäßig, die Bewegungseinheiten entsprechen den numerierten Verszeilen 1–11.

Beginn mit Einsatz des Chores. Das „Halleluja" zu Anfang und am Ende sollte der Bewegungschor mitsingen, wie auch das „halelouhou" zu Beginn jedes Verses. Die Körperachse pendelt bei Versen 3–10 jeweils mit den Kreuzschritten von der Mitte nach li, über die Mitte nach re und wieder zur Mitte zurück.

1. : R vor plié, L rück belasten |

2. am Platz wiegen, R-L-R-ran |

3. : R vor L x plié, L rück belasten R seit |

4. : L vor R x plié, Hände berühren sich kurz, R seit-L ran |

5. Wie 3

6. Wie 4

7. Wie 3

8. Wie 4

9. Wie 3

10. Wie 4, bei „terou'ah": durchfassen |

11. R-L-R-L, „yah": R ran |

    „halelou-": R-L-R zurückweichen , „-yah": durchfassen, L ran ‖

2. Gottes Vorausschau

Die Erschaffung der Welt, Ms um 1050

Der Schöpfungsimpuls als Atem Gottes verströmt die Schwingungen des Lebens aus einem Doppelrohr in Seinem Mund. Der Kosmos als Kreis ist Sein Leib; die Symbole Kreis, Kreuz und Halbmond, die das Haupt des Schöpfers zeichnen, spiegeln sich im kleinen wider am Kopf der Geist-Taube über den Wassern der Tiefe. Das brausende Urwehen nimmt im Wind eine naturhafte, im Geist eine seelenhafte Gestalt an.[18]) Die rechte Hand des Schöpfergottes in der Symbolhaltung der Dreieinigkeit hält die Instrumente des Maßes, den Stechzirkel und die Waage: Gott ist Ordnung und Gerechtigkeit.

„Am Anfang war das Chaos. ‚Die Erde ungeformt und leer.'
(Wer hatte das Chaos erschaffen?)
‚Und der Geist schwebte über der Tiefe.'
... bewegte sich,
Gott bewegte sich,
Gott tanzte.
Gott, in seiner Freude an Gott, tanzte.
Am Anfang war die Freude Gottes, diese Liebe, dieser Tanz, dieser Rhythmus.
Und der Rhythmus war so stark, daß das Chaos in Bewegung geriet,
das Formlose suchte Form, die Atome begannen zu tanzen.
Reiht euch ein zum Tanze,
seht, wie man tanzt.
Und dem Schwung Gottes gemäß, dem zündenden Befehl seiner Musik gehorsam,
haben sie sich aufgestellt, zusammengefügt, in Ordnung gebracht,
in Musik gesetzt; sie haben Bilder, Gestalten, Wesen aufgebaut;
sie sind Licht, Sterne, Welten, Tiere, Mensch geworden.
So schuf Gott den Himmel und die Erde.
Gott tanzt.
Und immerdar währt, breitet sich aus,
entfaltet sich der große Rhythmus des Anfangs,
der ordnet, wirkt, sich ewiges Leben nennt." [19])

Das Weltall. Vision der Hildegard von Bingen, 13. Jh.[20]

„Nun hörte ich wieder die Stimme vom Himmel. Sie sprach zu mir: ,Gott, der das All durch seinen Willen ins Dasein rief, hat jegliches geschaffen, damit sein Name

erkannt und geehrt werde. Aber nicht das Sichtbare und Zeitliche allein tut Er durch seine Schöpfung kund, sondern auch das Unsichtbare und Ewige . . . Von mir ist euch die Zeit des Lebens gesetzt. Ist deine Heilszeit erfüllt, dann wirst du die gegenwärtige Weltzeit eintauschen gegen die, die keine Grenzen kennt.'"

Hildegard von Bingen (1098–1179) begann erst im Alter von über vierzig Jahren ihre kosmischen Visionen in poetische Sprache umzusetzen und sie musikalisch zu bearbeiten. Ihre Kompositionen nannte sie die *symphonische Harmonie himmlischer Offenbarungen*, ein Zusammenklang himmlischer, menschlich-vokaler und instrumentaler Tonschwingungen. Aus der Sicht der Tonschöpferin ist menschliches Musizieren als Lobpreis des Schöpfungswunders das Echo himmlischer Klänge.

Das harmonikale Weltbild der platonisch-aristotelischen Tradition vom Kosmos als tönendem Gebilde[21]) ist die Grundlage für Hildegards Formulierung der Musik als Erinnerung, die den Menschen auf die Suche nach der Stimme des lebendigen Geistes schickt.

In der Antiphon *Gottes Vorausschau* besingt Hildegard das Wunder der Menschenerweckung durch den Hauch Gottes: der Augenblick der geistigen Geburt im Geschöpf ist aufgehoben in der Ewigkeit göttlichen Allbewußtseins.

Die Antiphon ist eine Art Refrain, der seit dem 4. Jahrhundert von den Gläubigen zu den Psalmen und seit dem frühen Mittelalter nur mehr am Anfang und Ende eines Psalms gesungen wird. Die musikalische Sprache besteht aus einzelnen *modi* – Musikweisen, deren Eigenart jeweils die Textinhalte offenbart. Die Musik wie auch die reiche bildhafte Sprache sind Medium der visionären Schau und sollen den Menschen als ganzheitliches Wesen in mitfühlende Resonanz versetzen.
Entsprechend der musikalischen und sprachlichen Vorgabe möchte der Bewegungsablauf durch verhaltene Gebärden ein Echo sein, das gleich einem Atemzug den Bogen zu den einzelnen Musikphasen spannt und so dem Thema der visionären Schau Gestalt verleiht.

Antiphona	*Antiphon*
1 *O quam mirabilis est | praescientia divini | pectoris,*	Wie wunderbar ist doch das Wissen im Herzen der Gottheit,
2 *quae praescivit omnem creaturam. |*	das urewig jedes Geschöpf hat erschaut!
3 *Nam cum Deus inspexit faciem hominis, |*	Denn Gott, da er blickte ins Antlitz des Menschen,
4 *quem formavit, |*	den er gebildet,
5 *omnia opera sua |*	er sah all sein Werk insgesamt
6 *in eadem forma hominis integra aspexit. |*	in dieser Menschengestalt.
7 *O quam mirabilis est inspiratio, |*	Wie wunderbar ist dieser Hauch,
8 *quae hominem sic suscitavit. |*	der also den Menschen erweckte!

(Hildegard v. Bingen)

Aufstellung: ☉ ⸱⸱⋂⸱⸱ ⚲ einzeln stehen, Arme sind re vor li gekreuzt. |

Gebärden: ⚲ ⋀ ⵣ ⵣⵣⵣ ⊤⊤⊤ ⵣ ⋀ ⵣⵣⵣ ⵣ ⵣ

Raumwege: ⇑ ⇑ ↺ ⤳ .

Rhythmus: Frei, die Bewegungsimpulse entsprechen den numerierten Gesangszeilen. Die Bewegungen sollten ruhig ineinander gleiten. |

1. a) „*O quam mirabilis est*": ⚲ : ⋀ Arme wie eine Schale öffnen, Handflächen zeigen nach oben |

    b) „*praescientia divini*": ⇑ R-L-R ran zur Mitte schreiten, dabei Arme heben ⋀ : ⵣ, Handflächen zeigen zueinander |

    c) „*pectoris*": ⇑ R-L-R-L ran zurückschreiten, Arme senken, bis sich Handgelenke mit denen der Nachbarn kreuzen ⵣ : ⵣⵣⵣ |

2. „*quae praescivit omnem creaturam*": ⇑ mit R beginnend 7 kleine Schritte zurückweichen … L ran zum weiten Kreis werden, Arme seitwärts zur Waagerechten heben, Hände liegen ineinander ⵣⵣⵣ : ⊤⊤⊤ |

3. „*Nam cum Deus inspexit faciem hominis*": ↺ am Platz re-schultrig ganze Drehung, dabei ⊤⊤⊤ : ⚲ Hände als Spiegel vors Gesicht halten, Unterarme sind nach vorn angewinkelt, Handflächen zeigen zum Gesicht. Bei „*hominis*": in TR ausrichten, ⚲ : ⋀ Arme senken, durchfassen ⵣⵣⵣ |

4. „*quem formavit*":

5. „*omnia opera sua*": ⟩ ⤳

6. „*in eadem forma hominis integra aspexit*":

    Mit R beginnen Wiegeschritte:
    R, L rückwiegen R, L vorwiegen,
    R rückwiegen, L (3x), den letzten
    Schritt L ⸱⸱⋂⸱⸱ zur Mitte wenden und R
    ranstellen |

7. „*O quam mirabilis est inspiratio*": ⇑ R-L-R-L ran, Arme zur Orantehaltung ⵣⵣⵣ : ⵣ, bei „*inspiratio*": ⵣ : ⵣ |

8. a) „*quae hominem*": ⇑ R-L-R ran, dabei Arme ⵣ : ⵣ |

    b) „*sic suscitavit*": ↺ re-schultrig ganze Drehung zu vier Zeiten: ¼ Drehung R-L ran, dabei Arme ⵣ : ⵣ, ¼ Drehung weiter R-L ran, Front zeigt nach außen ⸱⸱∪⸱⸱, dabei Arme ⵣ : ⵣ, weiter ¼ Drehung, dabei Arme ⵣ : ⵣ, letzte ¼ Drehung R-L ran, Front zur Mitte: ⸱⸱⋂⸱⸱, dabei Arme ⵣ : ⵣ ‖

3. O Herr, erhöre mein Gebet

Die Vertreibung aus dem Paradies, Gemälde von Giovanni di Paolo, 1445

„Da wies ihn Gott der Herr aus dem Garten Eden, daß er die Erde bebaute, von der er genommen war. Und er trieb den Menschen hinaus und ließ lagern vor dem Garten Eden die Cherubim mit dem flammenden, blitzenden Schwert, zu bewachen den Weg zu dem Baum des Lebens.“

(1 Mose 3,23–24)

Mit der Vertreibung aus dem Paradies beginnt das Bewußtsein der Polarität, des Menschen Taten werden sein Schicksal, er beginnt sich mit seinem Handeln gegen die Schöpfung zu stellen.

Der Fall in die Zeit und das Sterbenmüssen als menschliches Schicksal bergen in jedem Augenblick den Weg der Rückkehr in die Ewigkeit. Die Zeit fließt ja nicht vorwärts, weg von einem Schöpfergott der Vergangenheit, wie der Schweif eines Kometen, sondern hin zu dem Punkt, der „alle Dinge neu macht“, an den sich aber niemand mehr erinnern kann. Der Erlöser wirft sein reines Wesen in die Waagschale, die er wieder ins Gleichgewicht bringt. Durch ihn wird die Gnade wirksam, die unseres Daseins Kreise vollendet.[22]

Als immer neuer Aufbruch zu Gott ist es der Augenblick der Erinnerung, der Umkehr des Herzens durch die Reue, welcher den ursprünglichen Auftrag des Menschen, vom Lob Gottes zu künden, durchscheinen läßt: „... Suche Ihn (Gott) von dir selber aus und lerne, wer es ist, der alles ... in dir sich zueignet und spricht: Mein Gott, mein Geist, mein Verstand, meine Seele, mein Körper, und lerne, woher Trauer und Freude und Lieben und Hassen und das nicht gewollte Aufwachen und die nicht gewollte Schläfrigkeit und nicht gewollter Ärger und nicht gewollte Liebe kommen. Und wenn du diese genau untersuchst, so wirst du Ihn in dir selber finden, das Eine und das Viele, entsprechend jenem Tüpfelchen, in dem Er von dir selber seinen Ausgang nimmt." [23]

> *O Lord, hear my pray'r.*
> *When I call, answer me.*
> *Come, and listen to me.*
>
> O Herr, erhöre mein Gebet,
> wenn ich Dich rufe, so antworte mir.
> Komm, und höre mich an.
>
> *(Choral aus Taizé)*

Aufstellung:

Gebärden:

Raumwege:

Takt: ¾

Beginn mit Einsatz des Chores.

1. *„O Lord, hear my pray'r":* diagonal vorwärts in TR, dabei Arme seitlich nach re öffnen: , R (⌒), L (⌒), RL (⌣⌣), R (⌒) , dabei Front diagonal in GTR wenden │

2. *„O Lord, hear my pray'r* (Wiederholung):* diagonal rückwärts in TR, dabei re Arm wieder in Ausgangshaltung: L (⌒), R (⌒), LR (⌣⌣); L (⌒), Ausrichten zur Mitte │

3. *„When I call":* R-L-R-L ran tip, dabei Arme heben : │

4. *„answer me":* L-R-L ran, dabei Arme senken und wie eine Schale öffnen, Handflächen zeigen nach oben : │

5. Wie 1

6. Wie 2

7. *„Come, and listen to me":* am Platz wiegen R-L-R-L ran, dabei Arme li über re vor der Brust kreuzen : ‖

Da capo 1–7.

Die Liturgie der Meßfeier

Die heilige Liturgie, Ikone von Michael Damaskenos, 16. Jh.

In der Schau frühchristlicher Kirchenväter vollzog sich während der Transsubstantation in der Meßfeier das Herniedersenken des Himmels und die Durchdringung der göttlichen und menschlichen Welten. Aus einer solchen Schau wurde die Ikone der Heiligen Liturgie geschaffen, welche diese als himmlischen Reigentanz um die Heilige Dreifaltigkeit veranschaulicht. Dieser Reigen ist hier ein bildhaftes Mysterienspiel des Erlösungswerkes Jesu, der als himmlischer Hohepriester auch Anführer des Reigens ist.

1. Kyrie

Das Martyrium des Hl. Georg, Ms frühes 13. Jb.

Der Archetyp des göttlichen Opfers und in seinem Nachvollzug das Opfer des Erlösers, des Heiligen, ist ein sich stets wiederholender Prozeß, der alle Ebenen berührt:
der Leidensweg ist gleichzeitig der Weg der Erlösung. Der am rollenden Rad-Kreuz
als Opfer Hängende ist eingespannt zwischen Himmel und Erde, seine Hände weisen zu seinen Füßen – er ist selbst ein Kreis. Das achtspeichige Schicksalsrad
berührt die Erde und wird von den himmlischen Mächten in Gestalt zweier Engel
gedreht und gehalten.
Übertragen auf den Ritus des Meßopfers geht der Wandlung der Bußakt voraus, als
die Umkehr des Herzens, die Erinnerung, wodurch die „verstreuten Glieder" des
Menschen gesammelt und wieder zusammengefügt werden. Dieser Zustand des
Nichts-Seins ist die Voraussetzung dafür, daß ein alter in einen neuen Zustand über-
gehen kann.

„Meine Klage hast Du verwandelt
in einen Reigen,
mein Trauergewand hast Du mir ausgezogen
und mich mit Freude gegürtet."

(Psalm 30,12)

Das *Kyrie* ist ein Trauerritus, eine Prozession in das Sterben, bis zum stillen Verharren im Zentrum der Spirale, dem Ort der Verwandlung. Im Innehalten bereitet sich der symbolische Durchgang in die Weite vor, der sich im anschließenden *Gloria* aus derselben Messe gestaltet.

Die kreolische Messe, *Misa Criolla,* verbindet die Musikkultur der Inkas mit der argentinischen Musikfolklore unter Verwendung verschiedener regionaler Flöten und Trommeln. Ausdruck des tiefen thematischen Ernstes vermitteln die in den Anden beheimateten Rhythmen *baguala* und *vidala.*

Señor, ten piedad de nosotros.	Herr, erbarme Dich unser.
Christo, ten piedad de nosotros.	Christus, erbarme Dich unser.
Señor, ten piedad de nosotros	Herr, erbarme Dich unser.

(Misa Criolla)

Aufstellung: ☾ ♈♈♈

Gebärden: ♈♈♈ ⚹

Raumfigur: ☺

Rhythmen: ‒ ∪∪ | unregelmäßig | ‒ ∪ |

Beginn mit Einsatz des Chores.

1. *„Señor, ten piedad ..."*: ⬅ ♈♈♈, L (‒), R (∪) Ferse vorschleifen, R (∪) ganzen Fuß aufsetzen, re Hand liegt vor der Brust, li Hand auf re Schulter des Tänzers vor einem. Ein stilisierter Schlepp-Schritt; auf L jedes Mal leicht in die Knie einsinken; der erste führt die Prozession ins Innere der Spirale.

2. *„Christo, ten piedad ..."*: Gemessen am Schritt, wird der Rhythmus unregelmäßig; man sollte versuchen, jedes Mal die betonte rhythmische Einheit mit L zu setzen. Das nicht gleichmäßige Setzen-Können der Füße entspricht dem thematischen Motiv, daß die Zeit „aus den Fugen" ist.

3. *„Señor, ten piedad ..."*: Am Ende der Wiederholung des gesummten Motivs langsam zum Stehen kommen – der erste steht schon, währen der Prozessionszug sich allmählich angliedert. Hände lösen und im Trauergestus vors Gesicht führen, Kopf senken; zur Mitte gewendet stehen bis zum Ausklang der Musik: ⚹ ‖

2. Gloria

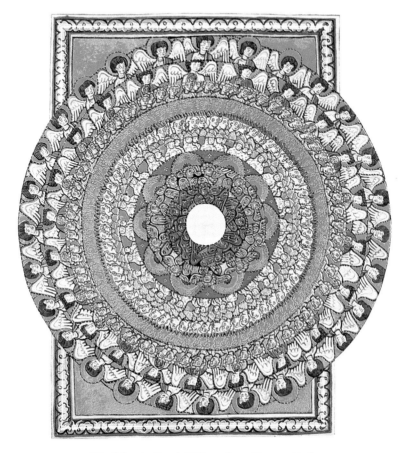

Die Chöre der Engel, Hildegard von Bingen, 12. Jh.

„Alsdann sah ich in der Höhe himmlischer Geheimnisse zwei Reihen erhabener, in großer Herrlichkeit leuchtender Geister ... Diese beiden Reihen schlossen sich in Kranzesform um fünf andere Reihen ... Doch auch diese (fünf) Reihen schlossen sich – wieder in Form eines Kranzes – um noch zwei Reihen. Die der ersten Reihe sah ich voller Augen und Flügel. In jedem Auge erschien ein Spiegel und darin ein Menschengesicht. Die Schwingen hatten diese Geister wie zum Fluge in die himmlischen Höhen erhoben. Die Geister der zweiten Reihe brannten wie Feuer ... All diese Reihen tönten in jeglicher Art von Musik und kündeten in wundersamen Harmonien die Wunder, die Gott in heiligen Seelen wirkt. Es war ein Hochgesang der Verherrlichung Gottes." [24]

Gloria a Dios en las alturas	Ehre sei Gott in der Höhe
y en la terra paz	und auf Erden Friede
a los hombres que ama el Señor.	den Menschen, die Gott liebt.
Te alabamos, Te adoramos,	Wir loben Dich, wir beten Dich
glorificamos.	an, wir verherrlichen Dich.
Te damos gracias por Tu immensa	Wir sagen Dir Dank ob Deiner
gloria.	großen Herrlichkeit.
Señor Dios, Rey celestial,	Herr und Gott, König des Himmels,
Dios Padre todopoderoso.	Gott, allmächtiger Vater.

(Misa Criolla)

Rhythmus: Das Gloria verwendet den Rhythmus des *carnavalito*, der in der andischen Hochebene am bekanntesten ist; wie beim „*Kyrie*" kommen gemischter Chor und Solotenor dazu.

Wird das „*Gloria*" nicht in Verbindung mit dem „*Kyrie*" getanzt, beginnt die Aufstellung im geschlossenen Kreis:

Instrumentales Vorspiel: Mit Einsatz des Gitarren-Tremolos aus der Spirale zum geschlossenen Kreis zurückweichen: . Beim Zurückweichen Hände vom Gesicht lösen, mit dem Crescendo durchfassen: und Arme heben:

Mit Beginn der rhythmisierten 8 Takte am Platz auf den Ballen wippend die Arme zu den ersten 6 Takten gestreckt senken: und zu den letzten beiden Takten Arme zur Reigenfassung führen:

Nach den Stichworten „*Gloria a Dios*" mit „*en las alturas*" zum Rhythmus ‿∪∪ den Reigen beginnen. Die Schritte sind federnd.

1. R (‿) LR (∪∪), L (‿) RL (∪∪) = Syrtos-Schritt.

2. Am Platz, Front zur Mitte: , R seit (‿), L rück x plié (∪), dabei R vorne leicht anheben, R vor (∪); L seit (‿), R rück x plié, dabei L leicht vorne anheben (∪), L vor (∪) |

Bei den Schritten am Platz um die eigene Achse pendeln.

3. Wie 1

4. Hände lösen und zur Orantehaltung führen: ⟨symbol⟩ : ⟨symbol⟩. Auf der Kreisbahn in TR vorwärts drehen, 2 x ⟨symbol⟩ re-schultrig um die eigene Achse: R (⌣) L (∪∪), R (⌣) L (∪∪) ‖

Da capo 1–4.

Mit dem Ausklingen der Musik die beiden Drehungen verlangsamen und Front zur Mitte wenden: ⟨symbol⟩, durchfassen: ⟨symbol⟩ : ⟨symbol⟩. Im Stehen beim Leiserwerden der Stimmen die Arme heben: ⟨symbol⟩ : ⟨symbol⟩ und langsam wieder gestreckt senken: ⟨symbol⟩ : ⟨symbol⟩ ‖

Tetramorph: Die Evangelisten als viergestaltiger Engel auf zwei Rädern stehend, den Symbolen des Alten und Neuen Testaments, Darstellung aus dem Athoskloster Vatopaedi, 1213 [25])

3. Cherubimischer Hymnus

Die Versammlung der Engel, Gemälde von Guariento, um 1370

„Wir stellen dar das Mysterium der Cherubim und singen der lebensspendenden Dreifaltigkeit den Hymnus des Dreimal-Heilig."
(Cherubimischer Hymnus, Liturgie des Hl. Chrysostomos)

In der bildhaften Schau des Schöpfungsgeschehens, wie sie noch in der Ikonenmalerei tradiert wird, erscheinen um die Dreifaltigkeit des Anbeginns Lichtkreise, die in unendlicher Vielfalt die Lichtkraft des Ursprungs widerspiegeln, schwebend, tanzend, kreisend in einem unendlichen Lobgesang.
Die Darstellung der Engelschöre ist etwa seit dem 10. Jh. überliefert; sie versinnbildlichen die Allgegenwart Gottes, das Allwissen der geistigen Welt, symbolisiert durch ihre mit Augen bedeckten Flügel. Die Engel sind mitbeteiligt am Schöpfungs-

werk Gottes, indem sie vom Wesen der Dinge künden. Die Ikonen stellen sie dar mit weißen Gewändern, gehalten von goldenen Gürteln. In ihrer Rechten tragen sie das Insignium ihrer Funktion, meist einen Lichtstab, in ihrer Linken das *signaculum Dei*, das Siegel Gottes mit dem Zeichen Christi.

In der Ostkirche wird der *Cherubimische Hymnus* während der Gabenprozession zum Altar gesungen: der Himmel senkt sich nieder, damit die Erde seiner Segnungen teilhaftig werden kann, ausgesprochen in den Worten des Hymnus: „... laßt uns nun ablegen alle Sorgen dieser Erde."

Ische Cheruvimy	Wir, die Cherubim,
taino obrasujuschtsche	stellen geheimnisvoll
i schivotvorjaschtsche troize,	die lebensspendende Dreieinigkeit dar
trisvjatuju pesn pripevajuschtsche.	und singen den dreimal heiligen Hym-
vsjakoje nynje schitejskoje	nus.
otloschim popeschtschenije.	Laßt uns nun ablegen
	alle Sorgen dieser Erde.

(Der Cherubimische Hymnus)

Aufstellung: Zu dritt A-B-C im geschlossenen Kreis: ☉ auf Armlänge stehen, ⸱⸱А⸱⸱, ⚐

Gebärden: ⚐ ... A: ⚐ B: ✝ C: ⚐

Raumwege: ⟳ ⟲ ⇑ ⇓ ⬅А➡. Die Figuren und Bewegungen sollten als eine große Bewegung ruhig ineinander übergleiten.

1. *„Ische"*: Im Abstand der ausgebreiteten Arme stehen. Mit Beginn des Hymnus Arme seitlich gerade heben: ⚐ : ✝ rechte Handfläche zeigt nach oben, linke nach unten.

2. *„Cheruvimy"*: ⟳ li-schultrig ganze Drehung um die eigene Achse, mit vier kleinen Anstellschritten: L-R ran | (4 x); dabei Arme wie Flügel langsam heben, bis sich Handgelenke (re vor li) kreuzen, beide Handflächen zeigen nach außen. Zum Ausklang des Wortes die Bewegung in Händen und Fingern noch leicht weiterführen; Front ist wieder zur Mitte: ⸱⸱А⸱⸱, Blick geradeaus: ⚐ |

3. *„taino obrasujuschtsche"*: ⟲ re-schultrig ganze Drehung: R-L-R-L ran mit leicht federnden Schritten, dabei Arme zur Waagerechten senken: ⚐ : ✝, Front ist wieder zur Mitte: ⸱⸱А⸱⸱; am Platz Handflächen vor dem Körper kreuzen (re vor li), Hände zeigen seitlich: ✝ : ⚐ |

4. „*i schivotvorjaschtsche*": Der eine Kreis teilt sich in drei konzentrische Kreise, die Tänzer stehen dann jeweils auf Lücke, Arme sind unten, Handflächen zeigen zur Mitte: ⸱⸱A⸱⸱ ⋔ C: bleibt stehen │ ⋔⋔ B: R-L ran, L-R ran │ ⋔⋔ A: R-L ran, L-R ran (2x) │ A und B gehen gleichzeitig zur Mitte.

5. „*troize*": Die drei Kreise ändern am Platz ihre Gebärde: ⋔ : ⋔, Arme sind etwas angewinkelt, Handflächen zeigen zur Mitte. Bei der Wiederholung des Wortes „*troize*" gemeinsam am Platz wiegen: ⟨A⟩ L-R-L ran │

6. „*trisvjatuju*": Die drei Kreise ändern gleichzeitig ihre Gebärden: C: senkt die Arme: ⋔ : ⋔, Handflächen zur Mitte │ B: breitet sie waagrecht aus: ⋔ : ⊤ │ A: hebt die Arme: ⋔ : ⋔, Handflächen zur Mitte │

7. „*pesn pripevajuschtsche*": ⋔ R-L-R-L ran, die drei Kreise gehen gleichzeitig zur Mitte und stehen weiterhin auf Lücke; ihre Gebärden behalten sie bei │

8. „*vsjakoje*": A, B und C nehmen am Platz eine gemeinsame Gebärde ein: ⋔, Oberarme sind seitlich am Körper, Unterarme angewinkelt, Handflächen zeigen zur Mitte │

9. „*nynje*": Mittelkreis B bleibt stehen. A: ⋔ R-L-R ran gliedert sich rückwärts schreitend in den Mittelkreis B ein │ C: ⋔ R-L-R ran gliedert sich vorwärts schreitend in den Mittelkreis B ein │ Alle sind wieder ein Kreis.

10. „*schi-tei-skoje*":
   a) „*schi*": A-B-C heben im Stehen die Arme ⋔ : ⋔ │
   b) „*tej*": A-B-C drehen sich re-schultrig ⟲ am Platz jeweils 4 x ¼ Drehung: R-L ran, ⸱⸱A⸱⸱ Front ist wieder zur Mitte │
   c) „*skoje*": Im Stehen Arme senken, Handflächen zur Mitte: ⋔ : ⋔ │

11. „*otloschim*": Auf den dreifachen Einsatz der Chorstimmen knien A-B-C sich nacheinander nieder; Körper ist aufrecht, Arme sind zur Seite: ⋔ │
   Auf den vierten Einsatz der Stimmen setzen sich A-B-C gleichzeitig auf die Fersen, beugen den Oberkörper vor und senken den Kopf. Handrücken auf die Erde legen │

12. „*popeschtschenije*": A-B-C stehen gleichzeitig auf, Arme hängen unten, Handflächen zeigen zur Mitte: ⋔. Beim Ausklingen der Stimmen: ⋔ langsam zurückschreiten ‖

4. Credo

Die wahre Dreiheit in der wahren Einheit, Hildegard von Bingen, 12. Jh.

„*Alsdann sah ich ein überhelles Licht und darin eine saphirblaue Menschengestalt, die durch und durch im sanften Rot funkelnder Lohe brannte. Das helle Licht durchflutete ganz die funkelnde Lohe und die funkelnde Lohe ganz das helle Licht. Und (beide) das helle Licht und die funkelnde Lohe durchfluteten ganz die Menschengestalt, (alle drei) als ein Licht wesend in einer Kraft und Macht.*" [26])

Wir glauben an den einen Gott,
den Vater, den Allmächtigen,
der alles geschaffen hat, Himmel und
*   Erde,*
die sichtbare und die unsichtbare
*   Welt.*

Und an den einen Herrn Jesus
*   Christus,*
Gottes eingeborenen Sohn,
aus dem Vater geboren vor aller Zeit:
Gott von Gott, Licht vom Licht,
wahrer Gott vom wahren Gott,
gezeugt, nicht geschaffen,
eines Wesens mit dem Vater:
durch ihn ist alles geschaffen.

Für uns Menschen und zu unserem
*   Heil*
ist er vom Himmel gekommem,
hat Fleisch angenommen
durch den Heiligen Geist
von der Jungfrau Maria
und ist Mensch geworden.

Er wurde für uns gekreuzigt
unter Pontius Pilatus,
hat gelitten und ist begraben worden,

ist am dritten Tag auferstanden
nach der Schrift
und aufgefahren in den Himmel.

Er sitzt zur Rechten des Vaters
und wird wiederkommen in
*   Herrlichkeit,*
zu richten die Lebenden und die
*   Toten;*
seiner Herrschaft wird kein Ende sein.

Wir glauben an den Heiligen Geist,
der Herr ist und lebendig macht,
der aus dem Vater und dem Sohn her-
*   vorgeht,*
der mit dem Vater und dem Sohn
angebetet und verherrlicht wird,
der gesprochen hat durch die
*   Propheten:*
und die eine, heilige, katholische
*   Kirche.*

Wir bekennen die eine Taufe
zur Vergebung der Sünden.
Wir erwarten die Auferstehung der
*   Toten*
und das Leben der kommenden Welt.
Amen.

Bei den Völkern Afrikas und Südamerikas ist die Messe ein Fest der Freude über die Gemeinschaft mit Gott. Die liturgischen Inhalte und Gebetstexte werden mit Gebärden veranschaulicht; die Einheit von Instrumentalmusik, Gesang und Tanz ersetzt vielfach das gesprochene Wort, auch die Schrift. Beim gemeinsamen Tanzen als Gebet erschließt sich ihnen die Botschaft von der Würde des Menschen. Diese Gemeinsamkeit im Erleben drückt ein afrikanisches Sprichwort aus: „Ich bin, weil wir sind; wir sind, weil ich bin."

Bischof Kumuondala Mbimba aus Bokunga-Ikela, Zaïre, bestätigt uns das Tanzen als Gottesdienst:

„Bei allen wichtigen Ereignissen tanzen wir. So drücken wir unsere Ehrfurcht aus und preisen Gott. Im Tanz begegnen wir Ihm und bezeugen Ihm die Tiefe unserer Gefühle. Beim Tanz tritt unser Körper in Beziehung zu einer unermeßlichen geistigen Welt, von der wir das Leben bekommen haben und die es uns erhält."

Aufstellung: Als Vierergruppen: A-B-C-D ⊙, ⸱⸱A⸱⸱

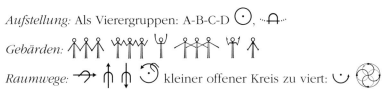

Gebärden:

Raumwege: ⤳ ⇡ ⇩ ↻ kleiner offener Kreis zu viert: ∪

Takt: 3/4

Musik: Missa Kwango

Beginn mit Einsatz der Musik, nach einem Auftakt. Das musikalische Thema teilt sich in zwei Phasen, die im Wechsel wiederholt werden: I und II.

I. 1. ⤳ durchgefaßt im geschlossenen Kreis: R (‿), LR (⌣⌣), L (‿), RL (⌣⌣), diese beiden Einheiten im Wechsel, zusammen 5 x. Mit den beiden kurzen Schritten vorwärtskommen (kein Wechselschritt). Mit jeder Schritteinheit die Arme leicht raus- und reinpendeln. Mit der sechsten Einheit zur Mitte wenden: ⸱⸱A⸱⸱ L-R ran |

II. 2. a) ⇡ R (‿) L (⌣⌣) R (‿) L ran (⌣⌣), dabei durchgefaßt Arme bis zur Horizontalen heben: ⸱⸱⸱ : ⸱⸱⸱ |

  b) Stehen, Hände lösen, Arme heben: ⸱⸱⸱ : ⸱ (‿⌣⌣, ‿⌣⌣) |

  c) ⇩ R-L-R-L ran zurückschreiten (‿⌣⌣, ‿⌣⌣), dabei Arme senken: ⸱ : ⸱ |

  d) Zu den letzten beiden Takten (‿⌣⌣, ‿⌣⌣) stehen, Hände lösen, Arme re vor li vor der Brust kreuzen: ⸱, ⸱ |

I. 3. ∪ zu viert kleinen offenen Kreis laufen in der Aufstellung A-B-C-D, Arme: ⸱ : ⸱⸱⸱, Schrittfolge und Schwingen der Arme wie bei 1. Auf den letzten Takt zueinander gewendet stehen: ⊛. A gegenüber C, B gegenüber D, Hände lösen, Orantehaltung: ⸱⸱⸱ : ⸱ |

II. 4. a) Das Tanzen des Schlingkreuzes, Arme in Orantehaltung: ⸱. A und C tanzen gleichzeitig zu zwei Takten (‿⌣⌣ ‿⌣⌣) auf den gegenüberliegenden Platz des Partners: ⊛. Mit R (‿), LR (⌣⌣) begegnen sich A und C rechtsschultrig in der Mitte des kleinen Kreises |, auf den zweiten Takt mit L (‿), R (⌣⌣) ↻ li-schultrig ½ Drehung am Platz des Partners, beide schauen wieder zur Mitte ⸱⸱A⸱⸱. Während dieser Tanzphase stehen B und D in Orantehaltung: ⸱ |

  b) Während A und C in Orantehaltung stehen, tanzen B und D jetzt auf die gegenüberliegenden Plätze nach dem Schema 4a |

c) A und C tanzen mit L, li-schultrig beginnend, auf ihre Plätze zurück (B und D stehen) |

d) B und D tanzen mit L, li-schultrig beginnend, auf ihre Plätze zurück (A und C stehen) | Auf den Ausklang der musikalischen Phase Arme gemeinsam senken und durchfassen: ᵠ : ⋀⋀ (die Tanzphase dauert 8 Takte). Mit Beginn der nächsten Musikphase gliedern sich die Viergruppen wieder in den großen Kreis ein ‖

Da capo 1–4.

Am Ende des Credos bilden die Tänzer wieder einen Kreis, Front zur Mitte ⋯A⋯, Arme in Reigenhaltung ᵞᵞᵞ.

Äthiopischer Brotstempel

Das Schlingkreuz ist Symbol des göttlichen Lichtweges und vereinigt die vier Kultpunkte im Jahr. Dieses Motiv ist die choreographische Grundlage für das *Credo*.

5. Sanctus

Kreuz und Kreis, altirischer Schwertgriff und Dosendeckel, um die Zeitenwende

Durch das wiederholte Betrachten, bzw. im Tanzen durch das Einüben der Form, werden die gestaltgebenden geistigen Inhalte immer neu zum Erlebnis. Die Zeichenhaftigkeit der frühen Kunst konzentriert das Wesenhafte, dem sie Ausdruck verleiht. Sie zeugt auch von der Gabe, sich in die Geschöpfe und Dinge der Welt hineinzuwandeln, wie dies ein altirisches Lied besingt:

„Ich bin der Wind, der über die See bläst …,
ich bin ein Strahl der Sonne …,
ich bin ein erfindungsreicher Künstler,
ich bin ein schwertschwingender Sieger,
ich kann wandeln meine Gestalt wie ein Gott." [27])

1. *Sanctus Dominus, Deus Sabaoth,*
   pleni sunt coeli et terra
   gloriam tuam.
2. *Benedictus qui venit*
   in nomine Domini,
   Hosanna in excelsis.

Heilig ist Gott, Herr aller Mächte und
   Gewalten,
erfüllt sind Himmel und Erde von
   deiner Herrlichkeit.
Hochgelobt, der da kommt
im Namen des Herrn.
Hosanna in der Höhe.

(Missa Luba)

Die Missa Luba wird von einem Knabenchor in der Sprache des kongolesischen Bantu-Stammes gesungen. Sie wurde nicht notenschriftlich fixiert, so daß einige der Rhythmen, Harmonien und musikalischen Verzierungen spontan improvisiert sind. Das *Sanctus/Benedictus* basiert auf einem Abschiedslied der Kiluba, während für das *Hosanna* ein Tanzrhythmus der Kasai verwendet wurde.

Aufstellung: Eng im ☉, ⋯A⋯, ☨

Gebärden: ☨ ☨ ☨☨☨ ☨☨☨ : ☨☨☨

Raumwege: ⇕ A→ ☉ ⇑ ←A→

Rhythmen: ⌐ ⌐ ∪ ∪ | ∪ ∪ ∪ ⌐ ∪ ∪ |

1. Zu den vier Anrufungen „*Sanctus*" (⌐ ⌐ ∪ ∪):

   a) Im Stehen Hände zur Orantehaltung heben: ☨ : ☨, Handflächen zeigen zur Mitte; diese Haltung beibehalten bis zum *Benedictus* |

   b) ⇑ R-L (⌐ ⌐), ←A→ wiegen R-L (∪∪) |

   c) wie b |

   d) ⇑ R-L ran (⌐ ⌐), dann stehen (∪∪) |

   } ☨

2. a) *Dominus*

   b) *Deus Sabaoth*

   c) *Dominus Deus*

   d) *Deus Sabaoth*

   }

   Auf die betonte Silbe sich jeweils in Orantehaltung verneigen: R zur Mitte vorstellen, plié, dabei L hinten leicht anheben, L rück belasten und sich wieder aufrichten, R seit, L ran (diese Phase 4 x). Jedem Anruf entspricht eine Bewegungsphase.

3. Wiederholung des Rufes „*Sanctus*" (4 x):

   a) Am Platz auf jeden Anruf jeweils li-schultrig ¼ Drehung: L-R ran (⌐ ⌐), mit R Ferse 2 x stampfen (⌐ ⌐), es werden mit jeder Wendung die Himmelsrichtungen miteinbezogen. Auf den vierten Anruf L-R ran und stehen, Front zur Mitte: ☉.

   b) 7 x Wiederholung des Themas 2 a–d: „*Dominus … gloriam tuam.*" |

4. a) *Trommelsolo:* ⇑ mit 10 kleinen Schritten zur Mitte, ein enger Kreis werden, dabei Arme senken: ⚲ : ↑, Korbfassung hinten einnehmen: ⤙⤙⤙, etwas zurücklehnen |

   b) *„Hosanna … in excelsis",* Einsatz: *„Hosanna, Ho-":* L vor x, R seit, L rück x, R seit x | Es wird das Sonnen- bzw. Lebensrad getanzt. Mit dem Ausklingen von *„excelsis"* Arme lösen: ⤙⤙⤙ : ↑, stehen |

5. a) Der 2. Vers wiederholt das musikalische Thema des *„Sanctus"* mit den Worten des *„Benedictus": „Bene* (‾ ‾ ⌣⌣) *-dictus* (‾ ‾ ⌣ ⌣)"* … es sind vier Bewegungsphasen wie 1a–d |

   b) *„qui venit … excelsis":* wie 2a–d |

6. a) *Trommelwirbel:* wie 4a |

   b) *„Hosanna …":* wie 4b |

Am Ende des Tanzes mit *„excelsis"* die Hände lösen: ⤙⤙⤙ : ↑, Arme heben und dabei rückwärts schreiten und wieder senken: ↑ : ⚲ : ⊕ ‖

Afrikanische Maske aus Gabon, Paris, Privatbesitz

6. Agnus Dei

Gebetsgebärden, Freskodetail aus den Katakomben der Priscilla, Rom.

Cordero de Dios que quitas	Lamm Gottes, Du nimmst hinweg
los pecados del mundo.	die Sünden der Welt.
Ten compassion de nosotros.	Erbarme Dich unser.
Da nos la paz.	Gib uns den Frieden.
	(Misa Criolla)

Dieses Gebet ist innig und feierlich im Rhythmus des lyrischen *estilo pampeano* vertont.

Aufstellung: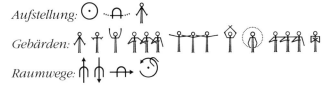

Gebärden:

Raumwege:

1. *Cembalo Vorspiel (vier Musikphasen):*

    a) Während des Auftaktes stehen, während der Arpeggios (harfenartig angeschlagener Akkorde) Arme bis zur Waagerechten heben, Handflächen zeigen nach oben: ⚹ : ⚹ |

    b) ⇑ R (◡), L ran (◡), am Platz Fersen heben (◡) und senken (⌐); auf die Arpeggios Arme weiter heben: ⚹ : ⚹ |

    c) ⇑ R (◡), L ran (◡), am Platz Fersen heben (◡) und senken (⌐); auf die Arpeggios Arme senken: ⚹ : ⚹ |

    d) Im Stehen li Hand auf den Rücken des li Nachbarn legen, während der ausklingenden Arpeggios (⌐) re Arm vor der Brust kreuzen: ⚹⚹⚹ |

Koptischer Grabstein aus Theben, 6. – 7. Jh.

2. *Tenor-Solo:*

   a) *„Cordero“:* ⇑ 🏃 R vor, L ran tip |

   „de Dios“: ⇕ L rück, R ran tip |

   „que quitas“: → R seit, L ran |

   „los pecados“: ⇕ L rück, R ran, dabei li Hand lösen und auf re Schulter des li

   Nachbarn legen 🏃 |

   „del mundo“: ⇕ L rück, R ran, dabei re Hand lösen und auf re Schulter des re

   Nachbarn legen: 👥 |

3. *Chor:*

   b) *„Ten compassion“:* Im Stehen Fersen anheben bis: *„de no … “*

   „so - - - - - - tros“: L vor R x plié (‿), R seit strecken (∪∪), L rück x plié (‿), R

   seit strecken (∪∪), L ran (‿) |

4. *Cembalo Zwischenspiel* (vier Musikphasen):

   a) ⇑ 👥 R vor | L ran, im Stehen Fersen heben und senken |

   b) ⇕ 👥 L rück | R ran, im Stehen Fersen heben und senken |

   c) → 👥 R seit | L ran, im Stehen Fersen heben und . . . |

   d) ↻ li-schultrig auf den Ballen L-R-L-R ran um die eigene Achse zur Mitte hin

   drehen, dabei Hände lösen und Arme spiralförmig von oben nach unten

   führen, mit kleinem plié stehen: 👥 : 🧍 : 🧍 1d-Gebärde: 🏃 erst li,

   dann re Arm |

Wiederholung der Themen 2a, 2b, 3 und 2a.

5. *„Da nos la paz“:*

   a) ⇑ 🧍 Arme waagerecht zur Mitte, Handflächen nach oben: R-L ran |

   b) ⇕ 🧍 Arme bleiben L-R ran |

   c) *Da nos la:* → ⎫ Unterarme sind parallel nach vorne ⎫ R-L ran |
   d) *paz:* ← ⎭ 🧍 : ⇕ angewinkelt, Handflächen oben ⎭ L-R ran |

   e) *„Da nos la (2x) paz“:* ⇕ zurückschreiten, dabei Arme vor der Brust kreuzen

   und stehen: 🧍 : → ‖

7. Vater unser

Dein Reich
komme

Dein Wille
geschehe

*Mittelschiff,
St. Peterskirche,
Assisi,
Anfang 11. Jh.*

Wie im
Himmel,

also auch
auf Erden

*Frühchristlicher
Altar, Anchialos,
Thrakien,
5.–7. Jh.*

In Byzanz hat der ostkirchliche Ritus vom 4.–13. Jh. eine glanzvolle Ausbildung er-fahren. Noch heute feiern die süd- und ostslawischen Völker diesen Ritus in der altslawischen Kirchensprache in Form der Chrysostomos-Liturgie, die auch die „göttliche" genannt wird.

Die Kirchengesänge werden ohne Instrumentalbegleitung vorgetragen, und bis zum 17. Jh. gab es im ostslawischen Raum nur den einstimmigen Chorgesang. Dann wurden die alten Weisen durch die Einführung der Polyphonie harmonisiert, erst homophon, später auch kontrapunktisch. Unter dem Einfluß der italienischen Musik des Barock und der deutschen Musik des 19. Jh. schufen zeitgenössische Komponisten auch kirchliche Gesänge. Die liturgischen Gebete werden im freien Rhythmus vorgetragen. Ähnlich wie beim „Herzensgebet" (s. S. 80) signifizieren die hier angebotenen Gebärden zu den einzelnen Aussagen des „Vater unsers" eine Vertiefung des Inhaltes.

Chor:

 Otsche nasch ische jesi na nebesi   Vater unser im Himmel,

 Da svjatitsa imja tvoje   geheiligt werde Dein Name,

 Da pridjet zarstvije tvoje   Dein Reich komme,

 Da budjet volja tvoja   Dein Wille geschehe,

 :Jako na nebesi i na semli   wie im Himmel, also auch auf Erden.

 Chleb nasch na suschtschnij
dasch nam dnjes   Unser tägliches Brot gib uns heute

 I ostavi nam dolgi nascha   und vergib uns unsere Schuld,

 Jako sche i my ostavljajem
dolschnikom naschim   wie auch wir vergeben unseren
   Schuldigern,

 I ne vedi nas vo iskuschenije   und führe uns nicht in Versuchung,

 No isbavi nas ot lukavovo.   sondern erlöse uns von dem Bösen;

Priester:

 Tebje i zarstvije, i sila, i slava   denn Dein ist das Reich und die Kraft
   und die Herrlichkeit –

Otza i syna i svjatavo ducha   des Vaters, des Sohnes und des Heiligen
   Geistes,

I nynje i prisno i vo veki vekov   jetzt und alle Zeit und in Ewigkeit,

Chor:

Amin.   Amen.

(Liturgie des Johannes Chrysostomos)

8. Magnificat

Das Gezelt der Seele, Hildegard von Bingen, 12. Jh.

„Und dann sah ich einen übergroßen, hellen Glanz, der wie in zahllosen Augen flammte und seine vier Winkel nach den vier Himmelsgegenden richtete. Er deutete auf ein Geheimnis des erhabenen Schöpfers, das mir jetzt in einem großen Mysterium kund wurde. Inmitten dieses Glanzes erschien ein anderer Glanz, gleich dem Morgenrot in Purpurblitzen leuchtend …

Gleichzeitig sah ich eine Frau, die die volle Gestalt eines Menschen in ihrem Schoß trug. Und siehe, nach der geheimen Verfügung des himmlischen Schöpfers regte sich diese Gestalt in (erwachender) Lebensbewegung, und eine Feuerkugel, die nicht die Umrisse des menschlichen Körpers hatte, nahm das Herz der Gestalt in Besitz, berührte ihr Gehirn und ergoß sich durch alle ihre Glieder …"[28])

Magnificat anima mea Dominum.   Lobe den Herrn meine Seele.

(Choral aus Taizé)

Der Lobpreis ist als Bewegungs-Kanon gestaltet, in einzelne Anbetungsphasen ge-gliedert und zum Kreis aus zwei Strängen verdichtet.

Aufstellung: Zu A und B im geschlossenen Kreis: ☉ ⋅⋅Ⱥ⋅⋅ ⋏

Gebärden: ⋏ ⵲ ⵲ ⵲⵲⵲ ⵲⵲⵲

Raumwege: ⇑ ⇥Ⱥ⇥ ⇓ ⇤Ⱥ

Takt: 4/4.

1. Mit Einsatz des Chorals: „*Magnificat*" heben A und B die Hände zur Orantehal-tung: ⋏ : ⵲ |

2. „*Magnificat*": ⇑ A schreiten R-L-R-L ran zur Mitte und heben die Arme: ⵲ : ⵲, (B bleiben am Platz) |

3. „*Magnificat*": ⇑ B schreiten R-L-R-L ran auf Lücke zwischen A und heben dabei die Arme: ⵲ : ⵲ (A stehen) |

4. „*anima mea Dominum*": A und B senken gestreckt die Arme zur Korbfassung nach vorne (B über A) und werden ein Kreis: ⵲ : ⵲⵲⵲ |

Rosette der Apsis, Kathedrale Mailand, 15. Jh.

5. Zu den folgenden 16 Taktschlägen wandert der Kreis in TR: ⟶ L rück x plié, R seit gestreckt, L vor x plié, R seit gestreckt, die Hüften beim Kreuzen in leichter Wendung mitnehmend |

6. A bleiben im Kreis durchgefaßt stehen: ⦙⦙⦙, während B zu den folgenden 4 Taktschlägen die Hände zur Orantehaltung heben: ⦙⦙⦙ : ⦙, und ⇧ R-L-R-L ran rückwärts aus der Kreismitte schreiten |

7. B stehen in Orantehaltung, während A die Hände lösen und in Orantehaltung: ⇧ ⦙ R-L-R-L ran rückwärts in die Lücken zwischen B schreiten |

8. A und B wiegen zu den folgenden 8 Taktschlägen gemeinsam am Platz R-L-R-L ran: ⟵⟶ ⦙ (für jede Bewegung 2 Taktschläge) ‖

Da capo 1–8.

Zum Ausklang der Musik heben A und B die Arme: ⦙ : ⦙ |

Kirchenfeste
im Zyklus des Jahres

Jahresbild, Fuldaer Sacramentar um 975

Der Kreis als Verbindungsbild vom Himmel zur Erde zeigt den Lauf der Zeit vor dem Grund der Ewigkeit. Die Bildgestalten im Spiegel des Jahres erscheinen hier als Urbilder, die in der Seele noch lebendig sind, wenn sie im Traum, in der visionären Phantasie des Schauenden oder in der Meditation auftauchen.

Im Zentrum thront Gott-Vater als Erhalter der Schöpfung auf einem von vier sechsspeichigen Rädern getragenen Thron. Er ist die Ewigkeit, die sich durch Seine Geschöpfe mit der Zeit verbindet. Er ist der Mittelpunkt der kosmischen Waage, das Licht von Sonne und Mond in Seinen Händen wägend. In der Ihn umgebenden nächsten Sphäre erscheinen die Wesenheiten der vier Elemente und im äußersten Ring die den Elementen diagonal zugeordneten vier Jahreszeiten mit den Sinnbildern der zwölf Monate und ihren Attributen.

Das Kirchenjahr mit seinen Festen lädt den Gläubigen ein, sich mit dem Schicksal des Göttlichen im Raum und in der Zeit zu verbinden, um so die Heimreise anzutreten durch die Begegnung mit dem Göttlichen hier und jetzt.

WEIHNACHTEN

O lumina divina, Symbolzeichnung von Bernhard Wosien, 1980.

Die vier Erzengel halten ihre kosmische Wache an den Kreuzpunkten des Sonnenlaufs im Jahr. Sie sind Mittler des göttlichen Mysteriums im Kreislauf der Verwandlung des Opferlamms in den Quell ewigen Lebens auf dem Weg durch die Zeit.

Gabriel, „die Kraft Gottes" im astrologischen Osten, ist der Überbringer der Botschaft neuen Lebens und bezeichnet den Frühjahrspunkt.

Oriel, „das Auge Gottes" im Zenith (Süden), ist Symbolträger des Licht-Höhepunk-
tes zur Sommersonnenwende.

Michael, „Wer ist wie Gott?", verkörpert die Prüfung des Vergänglichen zur Zeit der
Herbstequinox.

Raphael, „das Heil Gottes" im Nadir, dem Tiefpunkt des Sonnenlaufs, birgt das Geheimnis der Geburt der Sonne um Mitternacht.

1. Aus der Dunkelheit zum Licht

Dans nos obscurités   Im Dunkel unserer Nacht
allume le feu,   entzünde das Feuer,
qui ne s'éteint jamais.   das nie mehr erlischt.

(Choral aus Taizé)

Aufstellung: Eng im geschlossenen Kreis ☉ ···⌂··· ⚲

Gebärden: ⚲ ⚲ ⚲

Raumwege: ⇓ ⇑ ⇤⌂ ⌂⇥

Takt: 4/4.

Dieses Gebet um das ewige Licht teilt sich, entsprechend seiner textlichen Aussage, in drei Phasen:

1. *„Dans nos obscurités":* ⇑ rückwärts R-L-R-L, gleichzeitig Hände vom Gesicht langsam vor den Körper senken: ⚲ : ⚲ |

2. *„allume":* ⇑ zur Mitte R-L, dabei Hände am Körper hochführen zur Gebärde einer geöffneten Schale über dem Kopf: ⚲ : ⚲ |

3. a) *„le feu qui ne s'éteint jamais":* ⇤⌂ ⚲ wiegen R-L-R, L vor R x, R seit |

   b) *„qui ne s' éteint jamais":* ⇤⌂ ⚲ wiegen L-R, L vor R x, ⇤⌂ wiegen R-L ‖

Da capo 1–3.

Detail des Rupertuskreuzes, Bischofshofen, 8. Jh.

2. Herr, erbarme dich

In den christlichen Gemeinden der Länder Lateinamerikas ist der Glaube die Basis für viele Menschen, ihr Leben für eine gerechtere Welt einzusetzen.
Dieses musikalische Gebet ist den „Märtyrern des Erwachens" gewidmet.

Instrumentales Vorspiel

Chor:

Señor ten piedad (2x)
de tu pueblo, Señor,   *Refrain*
Señor, ten piedad.

Habe Erbarmen, Herr (2x),
mit Deinem Volk, Herr;
Herr, habe Erbarmen.

Solo a:

La sangre de Abel escucha el Señor.
El llanto del pueblo despierta en
   Moisés.
El grito que nace de nuestras
   entrañas,
con mil artimañas, lo quieren callar.

Der Herr hört das Blut Abels.
In Moses erwacht die Klage des
Volkes.
Den Schrei, der in unserem Innersten
geboren wird,
mit tausend Betrügereien wollen sie
ihn zum Schweigen bringen.

Instrumental-Teil

Solo b:

Señor, la injusticia nos duele y
   oprime.
Ponte a nuestro lado, somos los
   humildes.
Las botas y tanques aplastan con saña

a quien da su cara por todos, Señor.

Herr, die Ungerechtigkeit schmerzt
und unterdrückt uns.
Stell' Dich an unsere Seite, wir sind die
Armen.
Die Stiefel und Panzer zermalmen mit
Grausamkeit den,
der sein Gesicht für alle gibt, Herr!

Chor (Refrain)

(Misa Popular Salvadoreña)

Aufstellung: Sehr eng im geschlossenen Kreis zu A und B, ⊙ ··A··

Gebärden: Klatschen, Hände in Augenhöhe; 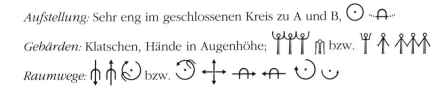 bzw.

Raumwege:

Rhythmen: Instumental-Teil: ∪ ∠ ∪ ∠ ∪ ∪ ∪ |

                 Chor/Solo: [∪] ∠ ∪ ∪ |

1. *Instrumentales, rhythmisches Vorspiel:* (zu Beginn die ersten beiden rhythmischen Einheiten abwarten)

     a) ⇅ aus der Mitte, den Rhythmus klatschend, 6 Einheiten zurückschreiten: ∪ ∠ ∪ (R), ∠ ∪ ∪ ∪ (L) = 1 Einheit

     b) ⇑ zur Mitte R (∪ ∠ ∪), L (∠ ∪ ∪ ∪) schreiten: 4 Einheiten

     c) ⇅ aus der Mitte R (∪ ∠ ∪), L (∠ ∪ ∪ ∪) schreiten: 4 Einheiten

Zum Ausklang der musikalischen Phase stehen, gemeinsam Arme heben: ꙨꙨꙨ, Fingerspitzen berühren sich |

2. *Chor: „Señor ten piedad …":* Wiegendes Schreiten des Kreuzes:

     a) ⇑ R (∠), LR (∪∪)

     b) ⇑ L (∠), RL (∪∪) die Kürzen (∪∪)

     c) ⇢ R (∠), LR (∪∪) jeweils am Platz

     d) ⇠ L (∠), RL (∪∪) auf den Ballen tanzen

       } (2x)

Beim Ausklang der musikalischen Phase teilt sich der Kreis in A und B: A bleibt stehen, B kniet sich auf re daneben |

Solo:

3. A dreht sich ↻ re-schultrig: R (∠), LR (∪∪), L (∠), RL (∪∪) 2 x mit erhobenen Händen: Ꙩ hinter dem knieenden Partner in einem Halbkreis (Gebet an den Himmel): ↻; er kommt Front zur Mitte zu stehen, und ↺ li-schultrig: L (∠), RL (∪∪), R (∠), LR (∪∪) 2 x auf den Ausgangsplatz zurück: ⸛A⸛ |

     B kniet gleichzeitig und richtet sein Gebet an die Erde, auf die er mit den Händen rhythmisch trommelt: ∠ (re) ∪ (li), ∠ (re) ∪ (li). Nach 8 rhythmischen Einheiten sofort aufstehen |

4. Gemeinsam mit A zur Wiederholung des Instrumental-Teiles (wie 1), den Rhythmus klatschend, ⇑ mit kleinen Schritten zur Mitte gehen (4 Einheiten). Während des Ausklangs kniet sich jetzt A, B steht.

5. *Solo:* Wie 3 mit vertauschten Rollen: B dreht sich erst li-schultrig ↺ hinter dem knieenden Partner, dann re-schultrig zurück: ↻ ↺. A trommelt währenddessen den Rhythmus (∠ ∪ ∠ ∪) auf die Erde |

6. *Wie 2 (Chor):* Wiegendes Schreiten des Kreuzes (2x) |

7. Zum Ausklang gemeinsam zurückschreiten, Arme zum Kreuz ausbreiten: ⸮⸮⸮

   : ⸮, Hände lösen, ↑ Handflächen zeigen zur Mitte ‖

Raphael und Gabriel, Seelenführer, Barcelona um 1200

3. De sancta Maria

Muttergottes vom nichtverbrennenden Dornbusch, russische Ikone

„Sei gegrüßt:

durch Dich leuchtet das Heil hervor …
von Uranfang des Friedefürsten Thron …
Du Stern, der offenbart die Sonne …
aus Dir wird die Schöpfung neu geboren …
Himmelsleiter, auf der Gott herniederstieg …
Reis des nie verdorrenden Stammes …
Aussöhnung für das unendliche All …
Du lichte Offenbarung der Gnade …
Du Morgenglanz mystischen Lebens …
Du Schutzmantel um das Drangsal der Welt …
Blüte der Unvergänglichkeit …
der Auferstehung leuchtende Spur …
Sei gegrüßt, Du jungfräuliche Mutter!"

(aus dem *Hymnus Akathistos* [29]))

Der brennende Busch offenbart die Wesenheit Gottes im göttlichen Kind. Die Wurzeln des Dornbusch-Bildes gehen zurück auf die Überlieferung von Moses (*2 Moses 3,2*); später deuten Zitate der Kirchenväter diese auf die Gottesmutter und das Kind.

In Rußland ist diese Darstellung in der Ikonenkunst seit dem 16. Jh. populär. Sie zeigt die Verbindung zum Alten Testament durch die an den roten Sternspitzen abgebildeten Urväter Melchisedek, Aaron, David und Salomon. Seit dieser Zeit wurden auch, zur Erweiterung des Symbols, die Bilder des *Akathistos-Hymnos* herangezogen, die in den acht Rosenblättern als Engel und deren Attribute erscheinen. Die mittlere, feurige Aureole zeigt die zentrale Gestalt der Gottesmutter mit dem Jesuskind. Aus diesem Innenkreis formt sich ein dunkelgrüner Strahlenkranz als Symbol für die Dornen des Busches.

Übereinander stehen ein roter und dunkelblauer vierstrahliger Stern mit den Symbolen der vier Evangelisten und den Engeln der Verkündigung. Die Jungfrau selbst ist das universelle Symbol geistlicher Empfängnis. Das Kind, der Ewig-Leuchtende, verkörpert das Sein aus der feurigen Gegenwart Gottes. Maria, die Mitte zwischen Mensch und Gott, ist das Urbild des betenden Menschen, indem sie die Worte Gottes in ihrem Herzen bewegt (*Lukas 2,19 und 51*).

1 O splendidissima gemma	O strahlendheller Edelstein,
2 et serenum decus solis,	der Sonne lichter Glanz,
3 qui tibi infusus est,	er strömte in dich ein,
4 fons saliens de corde Patris,	der Springquell aus des Vaters Herz,
5 qui est unicum Verbum suum,	Sein einzig Wort,
6 per quod creavit mundi primam materiam,	durch das den Urstoff aller Welt Er schuf,
7 quam Eva turbavit:	den Eva erschüttert.
8 hoc Verbum effabricavit tibi, Pater, hominem,	Dies Wort hat, Vater, Dir den Menschen zubereitet.
9 et ob hoc es tu illa lucida materia,	Darum bist Du der lichte Urstoff,
10 per quam hoc ipsum Verbum exspiravit omnes virtutes,	aus dem dies Wort die Kräfte all verströmt,
11 ut eduxit in prima materia	als aus dem Urstoff führte es ins Sein
12 omnes creaturas.	die ganze Kreatur.
	(Hildegard von Bingen)

Die Antiphon wird im Wechsel von Soli und Chor vorgetragen; sie gliedert sich in zwölf Gesangseinheiten, die jeweils den Bewegungsphasen entsprechen. Das Lied-Gebet ist der Versuch, das Mysterium, wie dieses bildhaft in den Worten angesprochen ist, in der Bewegung der Gebärden anzudeuten. Die Bewegungseinheiten sind den Verszeilen entsprechend angegeben. Die Gebärden beginnen mit dem Einsatz der Solo-Stimme.

Aufstellung: Im Kreis zu vier Gruppen, der erste steht jeweils rechts,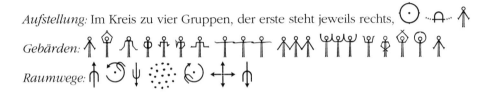

Gebärden:

Raumwege:

1. „*O splendidissima gemma:*" ⋔ : ⸭ von der Grundhaltung Arme seitlich zur Kronenhaltung heben, Fingerspitzen berühren sich |

2. „*et serenum decus solis*":

3. *i tibi infusus est*": ⸭ : ⋔ : ⸭ : ⋔ Arme seitlich wellenförmig abgleiten lassen, in Brusthöhe Arme seitlich öffnen. Hände wieder zur Kronenhaltung hochführen und erneut nach unten führen, dann vor der Körpermitte seitlich ausbreiten |

4. a) „*fons saliens*": ⋔ : ⸭ Unterarme anwinkeln, Handflächen zeigen nach innen vor der Körpermitte |

   b) „*de corde*": ⸭ : ⸙ Arme waagerecht zur Kreismitte strecken, Handflächen zeigen nach oben |

   c) „*patris*": ⋔ ⸙, mit dieser Gebärde zur Mitte schreiten: R-L-R ran |

5. „*qui est unicum Verbum suum*": ⸭ li Hand als Schale vor den Mittelkörper halten, re Hand zur Gebärde des Segnens/Grüßens führen |

6. a) „*per quod*": ⸭ : ⋔ Hände seitlich nach unten führen, Handflächen zeigen zur Erde, Arme sind gestreckt |

   b) „*creavit mundi*": ⋔ ↻, mit dieser Gebärde li-schultrig nach außen drehen |

   c) „*primam materiam*": ⸣⸜ ⋔ : ⸭ : ↑↑↑ Arme waagerecht gestreckt nach außen führen, durchfassen und nach außen schreiten, bis der Kreis spannt: ↓ ↓ : ⊙ |

7. „*quam Eva turbavit*": ⊙ : ⸭⸭⸭ | ↑↑↑ : ⋔ Hände lösen, ↺ re-schultrig zur Mitte wenden, der Kreis zerfällt in vier Gruppen, die lose beinander stehen: der erste in jeder Gruppe stellt sich jeweils in die Nähe der Kreismitte: ⸣⸜, der letzte bleibt in der Nähe des Außenkreises, die anderen Tänzer stehen beliebig ausgerichtet |

8. a) *„hoc Verbum effabricavit tibi, Pater"*: ⬚ : ✛, ⬆, die Gruppen formieren sich hinter den vier ersten Tänzern zum Kreuz, Front zur Mitte: ⌂ |

   b) *„hominem"*: ⬆ : ⬆ als Kreuz stehend, die Arme seitlich zur Kronenhaltung heben |

9. a) *„et ob hoc es"*: ⬆ : ⬆ Arme senken |

   b) *„tu illa lucida"*: ✛ : ⊙, ⬆ die ersten und hinter ihnen stehenden Tänzer schwenken zum Außenkreis, die letzten bleiben stehen und gliedern sich ein |

   c) *„materia"*: ⬆ : ⬆⬆⬆ : ⬆⬆⬆ im Stehen als Kreis durchfassen und Arme heben |

10. a) *„per quam"*: ⬆⬆⬆ : ⬆ : ⟳ Hände lösen, mit erhobenen Armen li-schultrig nach außen wenden: ⌣ |

    b) *„hoc ipsum"*: ., ⬆ : ⬆ Unterarme anwinkeln, Hände bis vor die Brust führen, Handrücken zeigen nach außen |

    c) *„Verbum"*: ., ⬆ : ⬆ Arme waagerecht nach vorne strecken, Handflächen zeigen nach oben |

    d) *„exspiravit omnes virtutes"*: ⬇, ⬆ : ⬆ nach außen schreiten, dabei Arme weiten: *„ex-"*: R | *„-spi-"*: L ran | *„-ra-"*: L | *„-vit"*: R ran | *„om-"*: R | *„-nes"*: L ran |

    e) *„virtutes"*: ⌣ stehen: ⬆ : ⬆ Arme heben, nach oben schauen |

11. a) *„ut e-"*: ⬆ : ⬆ Arme senken |

    b) *„-duxit in prima"*: ⟳, ⬆ : ⬆ : ⬆ li-schultrig am Platz 1½ Drehungen, wieder ⌂ Front zur Mitte zu stehen kommen, dabei Arme mit gekreuzten Handgelenken (re über li) nach oben führen |

    c) *„materia"*: ⌂, ⬆ : ⬆ : ⬆ Arme öffnen und seitlich senken |

12. *„omnes creaturas"*: ⬆ : ⬆⬆⬆ ⬆ ⬆⬆⬆ durchfassen, etwas zurückgehen, dabei Arme heben ‖

4. Benedictus

Die Erschaffung der Gestirne, Ms 1165–1170

„In Ihm (Christus) wohnt die Fülle der Gottheit leibhaftig (Kol 2,9).“ Nach Seiner Auferstehung vereint Christus in sich als Pantokrator die Fülle der von Gott geschaffenen Wesen.

Benedictus qui venit *in nomine Domini.*	Hochgelobt sei, der da kommt im Namen des Herrn. *(Choral aus Taizé)*

Aufstellung: ◎ ··Ꙥ·· ⚇⚇⚇

Gebärden: ⚇⚇⚇ ⚇⚇⚇ ⚇⚇⚇

Raumwege: ⬆ ⬍ ⇀ ⊶

Takt: 6/8

(Auch als Kanon zu tanzen: Innenkreis beginnt, Außenkreis mit der ersten Wiederholung des *„Benedictus"*)

1. *„Benedictus"*:

   a) ⬆ zur Mitte: R (‿) L (⌣) R (‿), dabei Arme: ⚇⚇⚇ : ⚇⚇⚇ |

   b) *„qui venit"*: ⬍ rückwärts L (‿) R ran (‿), dabei Arme zur Reigenfassung:
   ⚇⚇⚇ : ⚇⚇⚇ |

2. a) *„Benedictus"*: ⊶ R (‿) L ran (⌣) R (‿), Gebärde: ⚇⚇⚇ bleibt bis vor dem
    Schluß |

   b) *„qui venit"*: " L (‿) R ran (‿) |

3. *„in nomine, in nomine"*: ⇀ R (‿) L (⌣) R (‿), L (‿) R (⌣) L (‿) |

4. *„in nomine"*: ⊶ R (‿) L ran, (‿) |

5. *„Domini"*: ⬍ L (‿) R ran (‿), Arme senken: ⚇⚇⚇ : ⚇⚇⚇ ‖

Da capo 1–5.

5. Gang zur Krippe

Goldene Lunula und goldene Scheibe, keltisch

Navidadau purinini.
Huahuanaca kusisi njani,
niño Jesús yurit laycú,
Anatanjala kistany.

Die ersten zwei Strophen sind in der Indianersprache Aymera überliefert und nicht übersetzt.

Navidadau purinini,
huahuanaca kusisi njani,
Chitschakatu tana kampy,
Belénaru saranjani.

Huahuanacá

Voy al pesebre de Jesús
para ofrecerle una flor
la flor mas bella del jardin
la que el desea y
pide de mi.

Ich geh zu Jesus an die Krippe,
um ihm eine Blume zu schenken,
die schönste Blume des Gartens,
die er sich wünscht
und von mir erbittet.

Voy al pesebre del mesón,
para ofrecer mi corazón.
Voy ol pesebre de Jesús
para ofrecerle gratitud.

Ich geh zur Krippe in der Herberge,
um ihm mein Herz zu schenken.
Ich geh zu Jesus an die Krippe,
um ihm meine Dankbarkeit zu zeigen.

Hoy es el dia mas feliz
de gozo y de amistad
que Dios nos de su benedición
en esta dulce Navidad.

Heute ist der schönste Tag,
voll Freude und voll Liebe.
Gott möge uns seinen Segen
an dieser Weihnacht geben.

(Navidadau, Misa Latinoamericana,
Bolivien)

Dieser Krippgang kann als Lichterprozession getanzt werden, wobei jeder Mittänzer ein kleines Licht in seiner Rechten hält, Symbol für die Gabe an das Jesuskind. Die Lichter können in einem vorausgehenden Ritual an einer großen Kerze, die in der Mitte des Kreises steht, entzündet werden, und zwar so, daß von vier Seiten, den vier Himmelsrichtungen, vier Tänzer mit ihren Kerzen zur Mitte treten, diese jeweils an der großen Kerze entzünden, in den Kreis der Tänzer zurücktreten und sie dann jeder nach links, in Richtung des Sonnenlaufs, weitergeben, bis alle Kerzen brennen.

Aufstellung: ☽ oder ☺, ⸌A⸍ 웃웃웃. Der Weg führt in GTR, mit der Zeit, die ihre „Umkehr" zur Wintersonnenwende erfährt.

Gebärde:

Raumwege: ←A̅

Rhythmus: ∪ ∪ ∪ ⌐ |

Beginn mit Einsatz der Flöte: Man stelle sich vor, daß man in der Mitte eines auf der Kreisperipherie wandernden Kreuzes steht. Li Hand ist auf der re Schulter des Tänzers neben einem, die re Hand hält ein Lichtlein.

1. a) in GTR ←A̅ L (∪∪∪), R ran (⌐) (2x) |

   b) ⸱⸱A̅⸱⸱ Front zur Mitte, mit R die Endpunkte des imaginären Kreuzes mit der Fußspitze antippen: R vor (∪∪∪), R seit (⌐), R rück (∪∪∪), R an L schließen (⌐) |

   c) ⸱⸱A̅⸱⸱ Front zur Mitte, mit L die Endpunkte des imaginären Kreuzes antippen: L vor (∪∪∪), L seit (⌐), L rück (∪∪∪), L an R schließen (⌐) ‖

Da capo 1a–c.

6. Die Geburt des Lichtes

Marmorrelief an der Außenwand, Kleine Metropolis, Athen, 6.–8. Jh.

Die Wintersonnenwende ist die Zeit des tiefsten Dunkels. Sie gebiert das Licht, die Sonne um Mitternacht. Das Sonnenrad mit seinen Wendepunkten im Lauf durch das Jahr kann von vier, auch acht Tänzer(inne)n verkörpert werden. Der Außenkreis versinnbildlicht die kreisende, lobpreisende Schöpfung. Der Umschwung des Sonnenrades ist die Neugeburt des Lichtes zur Jahreswende.

Die Musik ist in Anlehnung an eine bolivianische Volksweise komponiert. Die Inkas, Ureinwohner des südamerikanischen Hochlandes, benutzen die von den Spaniern mitgebrachten Saiteninstrumente und spielen mit ihren Panflöten.

Musik: Music of the Incas

Aufstellung: In zwei konzentrischen Kreisen, je nach Anzahl der Teilnehmer im Innenkreis vier oder acht Tänzer:

Gebärden:

Raumwege: Außenkreis: , Innenkreis: bzw.

Takt: 3/4

1. *Innenkreis:*

Zu den 4 Vortakten der Solo-Flöte heben die Tänzer am Platz die Arme: ⴕⴕⴕ : ⴕⴕⴕ

a) und wiegen: ↤ R-L-R-L. Beim letzten Wiegen auf L in TR wenden: ⟹, dabei berührt R den Boden mit dem Ballen, Hände lösen, den li waagerecht gestreckten Arm zur Kreismitte heben als Speiche des Sonnenrades, die Fingerspitzen berühren sich fast, re Arm ist im Rücken angewinkelt. Die Tänzer haben alle das Augenmerk auf die Kreismitte gerichtet und stehen achsengleich mit einem Gegenüber: ⊕ bzw. ✳ ⏝ |

b) ⟹ R-L-R vorschreiten, L rückwiegen, ⟹ R-L-R vorschreiten, L seit wiegen, Front zur Mitte wenden: ⤙A⤚, durchfassen: ⴕⴕⴕ ‖

Da Capo, a und b werden im Wechsel getanzt. |

2. *Außenkreis:*

Steht während der vier Vortakte: ⴕⴕⴕ |

a) ⤳ R-L-R vorschreiten, L zur Mitte wenden: ⤙A⤚ |

b) ⇧ zur Mitte: R-L, dabei Arme heben: ⴕⴕⴕ : ⴕⴕⴕ, ⇧ R vorwiegen, dabei Arme strecken, L rückwiegen, R vorwiegen, L rückwiegen |

c) ⇧ R-L rück, dabei Arme senken: ⴕⴕⴕ : ⴕⴕⴕ ‖

Da capo a und b.

7. Gloria

Jubilierender Engel verkündet den Menschen die Geburt Christi, Vezeley, Frankreich um 1130

„Halleluja. Lobe den Herrn, meine Seele! Ich will den Herrn loben, solange ich lebe, und meinem Gott lobsingen, solange ich bin."

(Psalm 146,1–2)

Gloria in excelsis Deo. Alleluia.   Ehre sei Gott in der Höhe. Halleluja.

(Choral aus Taizé)

Aufstellung: In A und B aufgeteilt ⊙, ⸳⸳A⸳⸳, ⤉ auf Lücke hintereinander stehen:

⸳⸳A⸳⸳ ⸳⸳A⸳⸳ ⎫ A

⸳⸳A⸳⸳ ⸳⸳A⸳⸳ ⎭ B

Gebärden: ⤉ ⋔⋔⋔ ⋔⋔⋔ ⋔

Raumwege: ⇑ ⇕ ⤳ (⤸)

Takt: 6/8

A und B tanzen ihre verschiedenen Motive gleichzeitig; jede Bewegungseinheit entspricht vier Takten.

Gruppe A: Hat die Arme zu Toren: ⋔⋔⋔ erhoben.

1. „*Gloria, gloria*": Mit Beginn des Chorgesanges schreiten sie, für B Tore bildend: ⇕ R-L-R-L ran rückwärts: ⋔⋔⋔ |

2. „*in excelsis Deo*": Arme senken: ⋔⋔⋔ : ⋔⋔⋔ und in TR ⤳ R-L-R-L ran (auf dem letzten Schritt L zur Mitte wenden: ⸳⸳A⸳⸳) |

3. „*Gloria, gloria*": ⇕ R-L-R-L ran gebeugt durch die Tore von B schreiten und wieder aufrichten, Hände sind gelöst und werden beim Schreiten erhoben: ⤉ : ⋔ |

4. „*Alleluia, Alleluia*": ⋔ am Platz, Front zur Mitte, R seit, L ran tip, beim Ranstellen 2x kurz nach re in die erhobenen Hände klatschen; dasselbe nach li: L-R ran tip und 2x nach li klatschen ‖

Da capo 1–4.

Gruppe B:

1. „*Gloria, gloria*": Zu Beginn des Chorgesanges schreiten B durch die Tore von A: ⇑ R-L-R-L ran, sich beugend und wieder aufrichtend, dabei Arme heben: ⤉ : ⋔ |

2. „*in excelsis Deo*": Mit erhobenen Armen ⋔ re-schultrig drehen (⤸) R-L-R-L ran, durchfassen und für A Tore bilden: ⋔ : ⋔⋔⋔ |

3. „*Gloria, gloria*": Als Tore ⇕ ⋔⋔⋔ R-L-R-L ran rückwärts schreiten |

4. „*Alleluia, Alleluia*": In TR ⤳ R-L-R schreiten, dabei Arme senken: ⋔⋔⋔ : ⋔⋔⋔, L ran und zur Mitte wenden: ⸳⸳A⸳⸳ ‖

Da capo 1–4.

78

8. Adoramus te

Irische Riemenfibel, 5.–7. Jh.

O, adoramus te, Domine.   Herr, wir beten Dich an.

(Choral aus Taizé)[30])

Aufstellung: ⊙ ··⌢·· ⚹

Gebärden: ⚹ ⚹ ⚹⚹⚹

Raumwege: ⇑ ⇠⌢⇢ ⇑ ⤳

Takt: 4/4

1. „O“: ⇑ R-L-R-L ran zur Mitte schreiten, dabei Hände zur Orantehaltung heben: ⚹ : ⚹, Handflächen zur Mitte |

2. „adoramus te, Domine“: ⇠⌢⇢ am Platz wiegen: R-L-R-L in Orantehaltung: ⚹ |

3. „O“: ⇑ R-L-R-L ran rückwärts schreiten, dabei Arme senken: ⚹ : ⚹ und durchfassen: ⚹⚹⚹ |

4. „adoramus te, Domine“: ⤳ in TR R-L-R, L ran und zur Mitte wenden: ··⌢·· ‖

Da capo 1–4.

9. Das Herzensgebet

Beter, St. Quirze de Pedret, 10. Jh.

Gebet ist tiefste Weisheit als Annäherung zu Gott.
Gebet als die erhabenste Kunst offenbart die Größe der Schöpfung.
Gebet ist auch die edelste Arbeit …
In der Meditation des Tanzes tanzen wir die Träume,
die uns als unsere Sehnsüchte aus dem Jenseits neu begegnen.
Tanzend haben wir teil an ihrer Verwandlung, wandeln uns selbst.[31])

Die Tradition des immerwährenden Gebets erwuchs aus der Mahnung zur Wachsamkeit (1 Thess 5,17) und geht auf die Praxis kurzer Stoßgebete der Wüstenväter zurück, in der das Herz immer wieder zu Gott „hinaufgeworfen" wird, im Bemühen, sich Seiner Gegenwart mehr und mehr bewußt zu werden, um Ihn schließlich von Angesicht zu Angesicht schauen zu können. Das Herzensgebet beinhaltet das ununterbrochene, wiederholte, rhythmische Anrufen der Namen und Attribute Gottes, das mit der Zeit zum Gebet-Sein führt. Es ist der göttliche Geist, der inwendig betet und die Umkehr und somit den Frieden des Herzens bewirkt.

Der hl. Dominikus (um 1170–1221) kannte neun Gebetsweisen, wobei er sich beim Beten nicht nur an die symbolische, sondern vielmehr an die wirkliche Gegenwart Gottes wandte:

1. das tiefe Sich-Verneigen
2. das Sich-Niederwerfen mit dem Gesicht zur Erde
3. die Selbstgeißelung im Knien (Schlagen der Schultern und des Rückens)
4. das wiederholte Knien und Sich-Aufrichten
5. das Öffnen der Hände vor der Brust in der Gebärde des Empfangens
6. das Ausbreiten der Arme und Hände zum Kreuz als Fürbitte
7. das Sich-der-vollen-Größe-nach-Hochstrecken mit über den Kopf erhobenen Armen und fest zusammengelegten oder auch leicht geöffneten Händen
8. das Sitzen in Einsamkeit und laute Lesen der Hl. Schrift bzw. das nach innen gekehrte Gebet, auch mit verhülltem Gesicht
9. das Beten im rhythmischen Schreiten auf längeren Wegstrecken.

Dominikus lehrte so seine Brüder durch sein Beispiel, indem die gesprochenen oder gerufenen Gebete, seine ganze Hingabe, in den Gliedern des Körpers sichtbar wurde. Nach dem Zeugnis seiner Brüder erreichte der Heilige durch diese Gebetsweisen die Fülle göttlicher Offenbarung.[32]

Über das reine Gebet: [33]

„ ‚Sagt, Vater …, worin besteht das reine Gebet?‘

‚Es ist das Gebet ohne Träumerei, wenn die Gedanken nicht durcheinanderlaufen, die Aufmerksamkeit sich nicht zerstreut und dein Herz wachsam ist, das heißt in Furcht oder Liebe ergriffen ist. Wenn du mit den Lippen betest, deine Gedanken aber weit weg sind – dann ist das kein Gebet …‘

Wir saßen auf einer kleinen Bank am Ufer eines stillen Sees. Über den blauen Himmel zogen weiße, leichte Wolken. Die Stämme der schlanken Hochwaldkiefern brannten wie purpurne Kerzen in den Strahlen der untergehenden Sonne. Der See, umgeben vom grünen Rahmen der Wälder, glänzte wie ein goldener Spiegel. Überall herrschte die Stille des hohen Nordens.

‚Schau, mein Freund‘, sagte plötzlich der Starez, ‚wenn einmal dein Herz dem heutigen Abend ähnlich geworden ist, seiner Stille und seinem Frieden, dann wird es das Licht jener Sonne durchdringen, die nicht untergeht – dann wirst du aus Erfahrung wissen, worin das reine Gebet besteht.‘ “

Das Herzensgebet

Das Gebet besteht aus der Wiederholung der fünf Anrufungen:

1. Abba	–	Gott-Vater, Ursprung des ewigen Lebens
2. Jesus	–	Mensch gewordener Sohn Gottes
3. Maria	–	Mutter der Welt, Mittlerin des Lebens
4. Hosanna	–	„Herr, hilf doch!“
5. Halleluja	–	„Gelobt sei Gott!“

(Br. Maria-Emmanuel, Zisterzienser Abtei Hauterive/FR)

Aufstellung: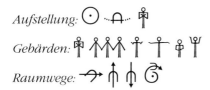

Gebärden:

Raumwege:

Alle Gebärden sollten sich als eine Einheit miteinander verbinden. Während des ersten Teils des *instrumentalen Vorspiels* am Platz stehen: Arme sind re über li vor der Brust gekreuzt |

Mit Beginn des zweiten musikalischen Themas Arme senken, durchfassen: und Prozession in TR: R-L ran tip, L-R ran tip, leicht wiegend schreiten.

Beim Ausklang des Vorspiels Front zur Mitte: , Arme wieder vor der Brust kreuzen: |

Gesang:

1. „*Abba*": } R vor, L ran tip, dabei Arme parallel vor zur Mitte führen, Hand-
   „*Jesus*": } flächen zeigen nach oben: , Kopf ist gerade |

2. „*Abba*": } L rück, R ran, dabei Arme seitwärts waagrecht zur Kreuzeshaltung
   „*Jesus*": } ausbreiten (re Handfläche oben, li Handrücken oben), Kopf etwas
   nach re geneigt: |

3. „*Maria*": Re Ballen etwas nach hinten stellen, Knie beugen, Oberkörper und Kopf leicht nach vorne neigen, Arme als Kreis vor den Mittelkörper legen (re unter li): |

4. „*Hosanna*": Aufrichten, Arme am Körper hochführen, Hände als Schale über den Kopf führen, nach oben schauen:

5. „*Halleluja*": In TR re-schultrig R-L-R ran um die eigene Achse drehen, nach oben schauen, Gebärde wie 4: im Stehen, Front zur Mitte: , Arme senken und re vor li vor der Brust kreuzen: ‖

Da capo 1–5.

Beim *instrumentalen Zwischenspiel* und beim *Ausklang* Prozessionsschritt und Handfassung wie zur Eingangsprozession.

Bei Ende der Musik Front zur Mitte und Anfangsgebärde: , ‖

OSTERN

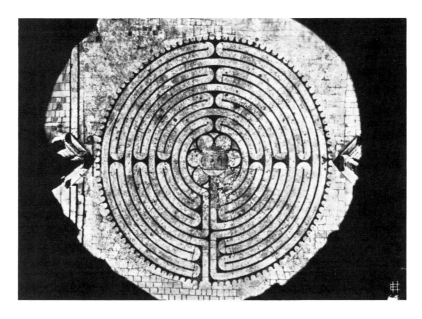

*Labyrinth der Kathedrale von Chartres, Mittelschiff Nähe des Westportals,
13. Jh., Durchmesser 12,87 m*

Das Kirchenlabyrinth des Mittelalters als Kreuz- und Erlösungsweg zeichnet die Umkehr mit achtundzwanzig Stationen vor und entspricht so einem Mondzyklus. Jede einzelne Wegstrecke bis zum Wendepunkt imitiert in seiner Form den Halbmond, Symbol der ewigen Wiederkehr, der Einheit von Leben und Tod.

Über die Windungen des Mond-Weges ist die Struktur des Kreuzes gelegt. Die Labyrinthreise ist die des Christus als *sol invictus* (Siegreiche Sonne) und im übertragenen Sinn auch die des Pilgers auf dem Weg zum Zentrum. Dort erfolgt die Ein- und Rückkehr. Die Einkehr ist zugleich Aufstieg auf einer symbolischen Himmelsleiter; der Rückweg ist Abstieg des Neu-Geborenen auf die Erde.

Auf diesem Weg des Vertrauens und der Liebe führt Christus, der Herr des Welt-Mandalas, den Gläubigen auf seiner Reise in die Unterwelt. Die göttliche Präsenz ist im Zentrum bzw. auf dem Gipfel des Weges in der entfalteten sechsblättrigen Rose zu denken. Diese Rose ist eine Spiegelung auf der Erde ihres himmlischen Gegenstücks, der großen Glasfenster-Rosette über dem Westportal, in deren Zentrum Christus als Weltenrichter thront.

Bis ins 17. Jh. wurde auf einigen der Kirchenlabyrinthe Frankreichs vom Dekan und den Kanonikern ein Ballspiel als Osterritus zur Sequenz des Wipo von Burgund „*Victimae paschali laudes*" getanzt.

In dem historischen Tanz-Drama des sogenannten „Lofererliedes" [34]), einer getanzten Passion Christi aus der Gegend von Salzburg, spielt der Reigentanz, als Teil der religiösen Handlungen zum Karfreitag, eine zentrale Rolle. Es war keine Vorführung vor Zuschauern, sondern „alle gingen in der Prozession mit. Sämtliche Teilnehmer umschlossen an den Kreuzwegstationen die stumm agierenden Darsteller des Heilsgeschehens in konzentrischen Kreisen, die in entgegengesetzten Richtungen (d. h. mit und gegen den Sonnenlauf) tanzten." Dabei sangen sie … „geistliche Gesänge" ebefalls nach der Grundmelodie der erwähnten Ostersequenz.[35])

Nach einem Rituale aus Besançon (1582)[36]) wurde für das Osterfest verordnet: „Nach der Vollendung der Non finden die Tänze im Kreuzgang statt oder, wenn das Wetter regnerisch ist, in der Mitte des Kirchenschiffs. Man singt dazu einige Lieder, wie sie in den Prozessionalien enthalten sind. Und wenn der Tanz zu Ende ist, reicht man im Kapitelsaal einen Trunk roten und weißen Wein."

Im westlichen Kulturkreis dominiert der Mythos von der verarmten Gegenwart. Die Tradition des Labyrinthweges jedoch versteht die Reise des Pilgers von der Erde zum Himmel nicht zukunftsweisend, sondern vielmehr in die Mitte als zeitlose, gotterfüllte Gegenwart, wie dies in einem altirischen Hymnus zum Ausdruck kommt:[37])

> „Ich erhebe mich heute mit starker Kraft
> in Anrufung der Dreieinigkeit,
> im Glauben der Dreiheit,
> im Bekennen der Einheit
> des Schöpfers des Weltalls …
> Christus sei mit mir,
> Christus vor mir,
> Christus hinter mir,
> Christus sei in mir,
> Christus unter mir,
> Christus über mir,
> Christus zu meiner Rechten,
> Christus zu meiner Linken …,
> Christus im Herzen, der meiner gedenkt,
> Christus im Munde, der von mir spricht,
> Christus im Auge, das auf mich blickt,
> Christus im Ohre, das auf mich hört.
> Ich erhebe mich heute mit starker Kraft
> in Anrufung der Dreieinigkeit,
> im Glauben der Dreiheit,
> im Bekennen der Einheit
> des Schöpfers des Weltalls."

1. Confitemini Domino

Cena Domini, Sacramentar des Raganaldus, Autun, 9. Jh.

„Da sie aber aßen, nahm Jesus das Brot, dankte und brach's und gab's den Jüngern und sprach: ,Nehmet hin und esset, das ist mein Leib'.
Und er nahm den Kelch und dankte, gab ihnen den und sprach: ,Trinket alle daraus, das ist mein Blut des Neuen Testaments, welches vergossen wird zur Vergebung der Sünden …' "

(Matth. 26,26–28)

Das Geschehenlassen nach dem Willen Gottes verleiht Jesus die Krone in der Ewigkeit (vgl. Offenb. d. Joh. 2,10).

> *Confitemini Domino, quoniam bonus.* Vertraut auf den Herrn, denn er ist
> *Alleluia.* gnädig. Halleluja.
>
> *(Choral aus Taizé)*

Die Tanzphase, die thematisch das Gottvertrauen besingt, wird rückwärts schreitend begonnen; die Affirmation als Gotteslob beginnt mit dem nach vorne, in TR ausgerichteten Schreiten; beide Teile enthalten eine Wendung als Umkehr.

Aufstellung: ⊙ ··A·· 🝙🝙🝙

Gebärden: 🝙🝙🝙 🝙🝙🝙 🝙🝙🝙

Raumwege: ↩ ··A·· ↪ ◎◉

Takt: 3/4

Während der ersten Strophe ··A·· Front zur Mitte, Arme: 🝙🝙🝙 : 🝙🝙🝙 durchgefaßt heben.

Mit Beginn der zweiten Strophe,

1. *„Con-fite-mini Domi-no-o":* mit erhobenen Armen rückwärts in TR schreiten: ↩ 🝙🝙🝙 R-L-R-L, in TR wenden und Arme senken: ↪ 🝙🝙🝙 : 🝙🝙🝙, R-L ran |

2. *„quo-ni-am bo-nus-"* *(„Al-le-lu-ia–"):* mit gesenkten Armen in TR weiterschreiten: ↪ 🝙🝙🝙 R-L-R-L, in GTR wenden und Arme heben: ↩ 🝙🝙🝙 : 🝙🝙🝙, R-L ran ‖

Da capo 1–2.

Jede Schreitphase beinhaltet eine Wendung über die Mitte in die Gegenrichtung. Wird ins Labyrinth getanzt, führt der erste die Tänzer ins Zentrum der Spirale und von dort wieder hinaus. Beim Hinaustanzen aus dem Labyrinth kann der Reigenführer den Zug durch das „Tor" der beiden letzten Tänzer führen, die dieses mit ihren erhobenen Armen bilden. Nach dem Durchgang wendet sich der Anführer wieder in TR. Das Hindurchgehen durch den Engpaß des Tores beim Tanzen gilt traditionsgemäß als stilisierter Wiedergeburtsritus. Zum Schluß versucht man wieder ein Kreis zu werden. Der Tanz endet mit einer Wendung zur Mitte und dem Heben der Arme.

2. Opfertanz

„Der vierte Ton der Musik", Kapitell, Kathedrale von Cluny

Im Verständnis des Mittelalters wurde der Ton F, der vierte der Tonleiter, als Ton von Golgotha oder Ton des Christus dargestellt.
Analog zu dem alljährlichen Rhythmus der Vegetation wird auch der Leib der Gottheit als einem zyklischen Leben, Sterben und Wiederauferstehen unterworfen er-

lebt. Dadurch stellt das Opfer (*sacrificium: sacer-facere* – heil bzw. ganz machen) die Versöhnung von Gott und Welt dar. Der vierte Ton, als Überleitung zur Quinte und Mittelton der Oktave, bildet auch musikalisch den Ton-Raum des Z21ngleins an der Waage.

Der Hassapicos ist eine vereinfachte Variante eines aus Byzanz stammenden Ritual-tanzes.[38]) Er beinhaltet in der Gebärde der Arme das Hängen bzw. das Ausgespannt-sein am Kreuz. Mit dem charakteristischen Schleppschritt gewinnt der Tanz mit jedem Motiv einen Schritt Raum in die „Todes-Richtung" (GTR), d. h. mit dem Lauf der Zeit, die Schwere und Last der Erde betonend.

Das Mythologem des hinkenden Gottes oder Helden versinnbildlicht das Zeichen, das die Begegnung mit der göttlichen Welt des Heiligen als Mal hinterlassen hat (z. B. bei Hephaistos, dem Schmied der griechischen Götter, oder bei Jakob nach sei-nem Kampf mit dem Engel).

Die Tanzrichtung pendelt zwischen dem Weg mit der Zeit bzw. dem Sonnenlauf und der Gegensonnen-Richtung, der Richtung der Suche nach der Ewigkeit; ein weiteres Moment ist der Zusammenbruch am Kreuz und das Wiederaufrichten, als stilisiertes Sterben und Auferstehen.

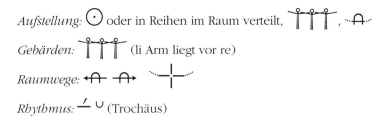

Takt: 2/4 (Zählwert 1 und)

Die Schritte sind ganzsohlig, schleifend zu setzen. Der vorgekreuzte Fuß zeigt mit der Spitze zur Kreismitte, der Kopf ist jeweils auf die Seite gerichtet, in welche die Bewegung verläuft. Jede der drei Bewegungsphasen hat 4 Zählwerte: 1 und, 2 und, 3 und, 4 und.

1. Nach einem Vortakt vier Schleppschritte in GTR: ◂𝐀 Kopf nach li, R vor L x plié (◠), L seit (◡) Knie wieder strecken; diese Einheit 4 x.

2. In TR wenden: 𝐀▸ Kopf nach re, L vor R x plié (◠), R seit (◡) Knie wieder strecken (3x), beim dritten plié Knie tiefer beugen (das re Knie stützt sich auf die li Wade). Kopf nach re senken (◠), Knie strecken, Kopf heben und geradeaus schauen (◡).

3. Am Platz auf L (symbolisch im Zentrum des Kreuzbalkens) stehen und mit R die Enden der Kreuzbalken antippen: ⊢ rück (◠◡), seit (◠◡), vor (◠◡), seit (◠ ◡) ‖

Da capo 1–3.

3. Bleibet hier

> „Da kam Jesus mit ihnen zu einem Hofe, der hieß Gethsemane und sprach zu seinen Jüngern: ‚Setzet euch hier, bis daß ich dorthin gehe und bete' … Jesus sprach zu ihnen: ‚Meine Seele ist betrübt bis an den Tod; bleibet hier und wachet mit mir!' " (Matth 26, 36 und 38)
>
> Bleibet hier und wachet mir mir, wachet und betet (Choral aus Taizé)

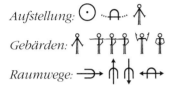

Aufstellung:

Gebärden:

Raumwege:

Takt: 4/4

Der Weg der Nachfolge, im Sinne der Bruderschaft Christi, basiert auf einer Tradition der frühen Christen, welche die Stelle der linken Schulter, auf der Christus das Kreuz trug, rituell als die siebente Kreuzeswunde verehrten. Die Gebärde des Handauflegens auf die Stelle dieser Wunde war das Erkennungszeichen untereinander der frühen christlichen Brudergemeinschaft (B. Wosien).

Zu Beginn einen Vers abwarten, dabei am Platz ausrichten: re Hand auf li Schulter des Tänzers vor einem, li Hand vor Mittelkörper halten:

1. „bleibet hier und wachet mit mir": In TR ⟶ R-L-R-L ran tip, L-R-L, R zur Mitte wenden: Hände lösen:

2. a) „wachet": in Orantehaltung am Platz wiegen: R-L

   b) „– und betet": zur Mitte schreiten R-L ran

3. a) „wachet": zurückschreiten R-L, dabei Arme vor dem Mittelkörper zusammenlegen (re und li):

   b) „– und betet": am Platz wiegen R-L ran

Da capo 1–3.

4. Crucem tuam

Höllenfahrt Christi, Fresko, Cariye, Çami, Istanbul.

Die Überlieferung der Ostkirche berichtet von einer Reise Christi in die Unterwelt. Christus bricht ein in das Reich des Hades, die geborstenen Torflügel fügen sich zum Kreuz, auf dem der Erlöser steht. Sein Erscheinen vernichtet die Macht des Todes und erlöst das Urelternpaar der Menschheit und alle Todgeweihten. Neben der Lichtgestalt Christi reihen sich die Gestalten des Alten und Neuen Testaments:

„Kommt mit mir alle, die ihr den Tod erlittet durch den Baum, den dieser Mensch berührte; denn siehe ich richte euch wieder auf durch den Baum des Kreuzes.“
(Hg. E. Hennecke und W. Schneemelcher, Neutestamentliche Apokryphen, Bd. I, Kap. 8)

Noch in der ersten Hälfte dieses Jahrhunderts wurden in der Ukraine nach Ostern Frühlingsreigen mit dem Sonnenlauf um die Kirche getanzt (Gegentanzrichtung). Die angefaßten Paare bildeten eine sich fortbewegende Brücke, durch die ein Gegenzug in Tanzrichtung schlüpfte und sich dann wieder zu Paaren aufstellte. Über die gefaßten Hände der brückenbildenden Paare schritt ein kleiner Knabe.[39]

Christi Himmelfahrt, Fresco, St. Sophia, Ohrid, 11. Jh.

„Christ ist erstanden von den Toten, im Tode bezwang er den Tod, schenkt denen, die entschlafen sind, ewiges Leben."

(Ostertroparion, Liturgie des Hl. Joh. Chrysostomos)

Christus als Weltenherrscher thront im Kuppelraum byzantinischer Kirchen über dem Altar. Er ist von einer strahlenden Lichtaura umgeben, die von Engelsgestalten in einem schwebenden Tanz getragen wird.

Crucem tuam adoramus Domine. Resurrectionem tuam laudamus Domine.	Dein Kreuz, Herr, verehren wir. Deine Auferstehung preisen wir.

(Choral aus Taizé)

Aufstellung: ⊙ ⋯⌓⋯ Arme re über li vor der Brust gekreuzt:

Gebärden:

Raumwege:

Takt: 4/4

Beginn mit Einsatz des Chores.

1. *„Crucem tuam":* ⋔ R-L-R-L ran aus der Mitte zurückschreiten, dabei Arme öffnen und auf die Schultern der Nachbarn legen (li vor re): ⚲ : ☥☥☥ |

2. *„adoramus Domine":* Im Stehen von Schulterfassung Hände lösen und Arme heben, Handflächen zeigen zur Kreismitte: ⚲ |

3. *„Resurrectionem tuam":* Mit erhobenen Armen, ☺ re-schultrig ½ Drehung: L ⸱⸱U⸱⸱ Front nach außen, ⊎ wiegen R wiegen L, ↻ li-schultrig ½ Drehung R ⸱⸱∩⸱⸱, wiegen L |

4. *„Laudamus Domine":* ⋔ zur Mitte R-L-R ran, dabei Arme zur Orantehaltung senken und vor der Brust kreuzen: ⚲ : ⚲ : ⚲ |

Zwischenstrophen:

5. *„Laudamus":* ⋔ R-L ran (Ballen), dabei Arme waagerecht nach vorne strecken: ⚲ : ⚲ |

6. *„et glorificamus":* ⋔ L-R-L ran zurückschreiten und Arme heben: ⚲ : ⚲ |

7. *„Resurrectionem tuam":* Wie 3

8. *„laudamus Domine":* Wie 4 ‖

Da capo 1–8.

5. Auferstehungstanz

Huldigung der vierundzwanzig Ältesten, Hofschule Karls des Kahlen, 870

„Und alle Kreatur, die im Himmel ist und auf Erden und unter der Erde und im Meer, und alles was drinnen ist, hörte ich sagen: ‚Dem der auf dem Thron sitzt und dem Lamm sei Lob und Ehre, und Preis und Gewalt von Ewigkeit zu Ewigkeit!‘ Und die vier Gestalten sprachen: ‚Amen‘. Und die Ältesten fielen nieder und beteten an."

(Off. d. Johannes 5,13f.)

DER HERR DES TANZES [40]

Ich tanzte einst, als noch niemand war,
auch kein Tag, auch kein Traum, auch kein Apfelbaum,
da tanzt' ich in Mond und Sonnen.

Ich sprang vom Himmel in meine Geburt
in die Hütte aus Lehm in Bethlehem
und habe gleich tanzen begonnen.

Refrain:

Tanze, wo immer du auch bist,
der Herr des Tanzes, das bin ich,
und ich leb' in dir, weil du lebst in mir,
komm, tanz' mit mir in die Sonne.

Den Pharisäern und ihrer Zunft
zeigt' ich Schritt um Schritt.
doch sie tanzten nicht mit,
sie saßen verkalkt im Gestühle.

Da tanzt' ich den Fischern auf dem Wasser vor,
dem Johann, dem André tanzt' ich vor auf dem See;
die kamen dann mit und noch viele.

Refrain:

Ich tanzte dann am Freitag, den Satan im Genick;
er gewann das Spiel, und die Finsternis fiel,
doch den Vorhang, den hat's zerrissen.

Sie begruben mich dann und da war ich tot,
doch das ließ mich kalt, ich sprang hoch mit Gewalt,
daß alle Kreaturen es wissen.

Refrain:

„Wie Moses in der Wüste die Schlange erhöht hat, so muß der Menschensohn erhöht werden.

(Joh 3,14)

Dieser Tanz (schneller Hassapicos) ist eine Variante der vielen Sirtaki-Formen. Er veranschaulicht das Einpendeln von Bewegung und Gegenbewegung entlang den horizontalen Kreuzbalken so lange, bis der Tänzer in der Mitte steht, im Zentrum der Gegensätze. Dann beginnt der „Aufstieg" – der Weg zur Mitte mit dem Sprung in die „Ewigkeit"; daran schließt sich das Motiv des Falles in die Zeit, der Rückweg aus der Mitte, womit der Tanz von neuem beginnt.

Aufstellung: Im geschlossenen Kreis: ☉ Front zur Mitte: ⚓

Gebärden:

Raumwege:

Rhythmus:

Takt: 2/4 (Zählwert 1 und)

Zu Beginn in Schulterfassung (li vor re) zu 4 rhythmischen Einheiten (⌐ ∪) stehen:

1. In GTR vier schnelle ganzsohlige Kreuzschritte (vgl. „Hassapicos"): R vor L x plié (∪), L strecken (⌐) Kopf nach li, wenden in TR

2. Vier Kreuzschritte in TR: L vor R x plié (∪), R strecken (⌐), Kopf nach re, wenden in GTR

3. Drei Schritteinheiten in GTR , Kopf nach li; wenden in TR

4. Drei Schritteinheiten in TR: , Kopf nach re; wenden in GTR

5. Zwei Schritteinheiten in GTR: , Kopf nach li; wenden in TR

6. Zwei Schritteinheiten in TR: , Kopf nach re; Front zur Mitte: ⚓

7. Gebärde ändern: . In der Mitte des Kreuzbalkens, Ausgangs- und Endpunkt des Tanzweges, folgt nun der Auf- und Abstieg: R-L-R (pro rhythmische Einheit ⌐ ∪, ein Schritt: diese werden eng gekreuzt nach vorne gesetzt), der vierte Schritt zur Mitte ist ein Sprung auf L mit plié und Verneigung, dabei wird R hinten angewinkelt

8. Der Rückweg zur Kreuzesmitte erfolgt doppelt so schnell mit acht Schritten: , dabei wieder aufrichten: R rück, L rück, R rück, L seit, R vor x plié (dabei L hinten anwinkeln), L rück, R seit, L ran ‖
Da capo 1–8.

PFINGSTEN

1. Veni Sancte Spiritus

Die Ausgießung des Heiligen Geistes, Salzburger Perikopenbuch.

„Und als der Pfingsttag gekommen war, waren sie alle an einem Ort beieinander. Und es geschah plötzlich ein Brausen vom Himmel wie von einem gewaltigen Wind und erfüllte das ganze Haus, in dem sie saßen. Und es erschienen ihnen Zungen zerteilt, wie von Feuer; und er setzte sich auf einen jeden von ihnen, und sie wurden alle erfüllt von dem Heiligen Geist und fingen an zu predigen in anderen Sprachen, wie der Geist ihnen gab auszusprechen."

(Apostelgesch. d. Lukas 2,1-4)

1. Veni, Sancte Spiritus,
   et emitte caelitus
   lucis tuae radium.
	Komm herab, o Heiliger Geist,
	der die finstre Nacht zerreißt,
	strahle Licht in diese Welt.

2. Veni pater pauperum,
   veni dator munerum,
   veni lumen cordium.
	Komm, der alle Armen liebt,
	komm, der gute Gaben gibt,
	komm, der jedes Herz erhellt.

3. Consolator optime,
   dulcis hospes animae,
   dulce refrigerium.
	Höchster Tröster in der Zeit,
	Gast, der Herz und Sinn erfreut,
	köstlich Labsal in der Not.

4. In labore requies,
   in aestu temperies,
   in fletu solatium.
	In der Unrast schenkst du Ruh,
	hauchst in Hitze Kühlung zu,
	spendest Trost in Leid und Tod.

5. O lux beatissima,
   reple cordis intima
   tuorum fidelium.
	Komm, o du glückselig Licht,
	fülle Herz und Angesicht,
	dring bis auf der Seele Grund.

6. Sine tuo numine,
   nihil est in homine,
   nihil est innoxium.
	Ohne dein lebendig Wehn
	kann im Menschen nichts bestehn,
	kann nichts heil sein noch gesund.

7. Lava quod est sordidum,
   riga quod est aridum,
   sana quod est saucium.
	Was befleckt ist, wasche rein,
	Dürrem gieße Leben ein,
	heile du, wo Krankheit quält.

8. Flecte quod est rigidum,
   fove quod est frigidum,
   rege quod est devium.
	Wärme du, was kalt und hart,
	löse, was in sich erstarrt,
	lenke, was den Weg verfehlt.

9. Da tuis fidelibus,
   in te confidentibus,
   sacrum septenarium.
	Gib dem Volk, was dir vertraut,
	das auf deine Hilfe baut,
	deine Gaben zum Geleit.

10. Da virtutis meritum,
    da salutis exitum,
    da perenne gaudium.
    Amen, Alleluia.
	Laß es in der Zeit bestehn,
	deines Heils Vollendung sehn
	und der Freuden Ewigkeit.
	Amen, Halleluja.

(Gregorianischer Gesang – Sequenz, Paris um 1200)

Pfingsten ist die Wiederholung der Schöpfungstat – die Erweckung des Geistes im irdischen Wesen Mensch, um wahrnehmen zu lernen, was mit den Sinnen nicht erfahrbar ist, um zu glauben, was mit dem Verstand nicht zu begreifen ist. Und der Geist kann nicht eher kommen, als bis der historische Christus nicht in die Ewigkeit aufgenommen ist. Dann fallen Zeit und Ewigkeit zusammen: die Jünger empfangen

die göttliche Weisheit und die Gabe der Verkündigung. Die *Ecclesiasticoi,* die durch den göttlichen Geist Herausgerufenen, als Gemeinde der Heiligen sind später, im Bedeutungswandel des Wortes, die Führer der Kirche als Institution geworden.
Das Pfingsterlebnis, die Geburt des Lichtes im Menschen in der Nachfolge Christi, hat seinen Aufruf von zeitloser Gültigkeit im Jesajawort:

> *„Mache dich auf, werde Licht,*
> *denn dein Licht kommt,*
> *und die Herrlichkeit des Herrn geht auf über dir."*
>
> *(Jesaja 60,1)*

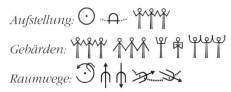

Aufstellung:

Gebärden:

Raumwege:

Rhythmus: ‾ ◡ ‾, pro Vers sind es 6 rhythmische Einheiten, die letzte ist verlangsamt.

1. a) , in TR R (‾), L (◡), R (‾), dabei Arme nach unten schwingen; L (‾), R (◡), L (‾), die Arme wieder zur Reigenfassung führen; beide Schrittfolgen wellenförmig an der Kreisperipherie entlang tanzen (2 x) |

    b) In TR: R (‾), L (◡), R (‾), Arme: : |

    c) Die verlangsamte sechste Einheit am Platz li-schultrig drehen: L-R-L ran, dabei Hände lösen und wie eine Schale über den Kopf halten: , nach oben schauen, beim Drehen Arme senken, durchfassen: ‖

    9 x wiederholen 1 a, b, c

2. a) *„Amen":* Zur Mitte wenden: , Arme re vor li vor der Brust kreuzen: |

    b) *„Allelu-":* R vor, L ran tip, Hände durchgefaßt heben: : |

    c) *„-ia":* L rück, R ran, dabei Arme senken: ‖

2. O Kraft der Weisheit

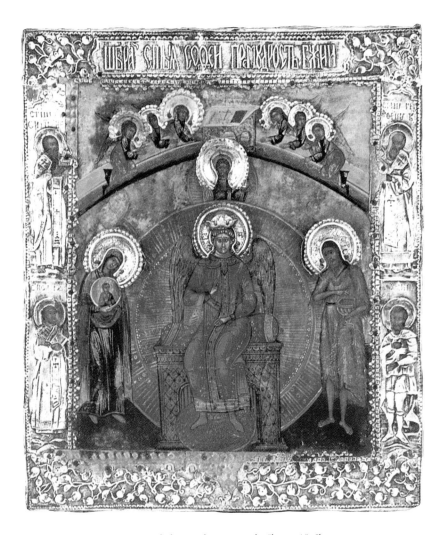

Die Göttliche Weisheit, russische Ikone, 18. Jh.

„Ich war beim Herrn am Anfang Seiner Wege; ehe Er etwas schuf war ich da. Ich bin eingesetzt von Ewigkeit, von Anfang, noch ehe die Erde war ... da war ich als Seine Vertraute Ihm zur Seite; ich war Tag um Tag Seine Freude und spielte vor Ihm allezeit; und spielte auf Seinem Erdenkreis, und meine Freude war es, bei den Menschen zu sein ... wer mich findet, der findet das Leben ..."

(Sprüche 8,22ff.)

Gott füllt den Raum auf besondere Weise: Er ist gleichzeitig überall gegenwärtig. Die Ikone zeigt die Göttliche Weisheit, als verborgenen weiblichen Aspekt des Schöpfergeistes, thronend mit Engelsflügeln im feuerglühenden Strahlenkranz zwischen der Gottesmutter und Johannes dem Täufer. Über ihr erscheint die Gestalt des personifizierten Logos, an den Außenseiten, im silbernen Rahmen stehen die vier Apostel. Die Göttliche Weisheit ist gewissermaßen hervorgegangen aus der Pupille Seines kosmischen Auges. Vor seiner Menschwerdung war der Logos (der Sohn) und die Weisheit (Sophia) beim „Alten der Tage". Die berühmteste Kirche des Ostens, die Hagia Sophia in Konstantinopel, war der Göttlichen Weisheit geweiht.

O VIRTUS SAPIENTIAE	O KRAFT DER WEISHEIT
Antiphona	Antiphon
1. *O virtus Sapientiae,*	O Kraft der Weisheit, umkreisend die Bahn,
2. *quae circuiens circuisti*	die eine des Lebens,
3. *comprehendo omnia in una via, quae habet vitam,*	ziehst um das All du die Kreise, alles umfangend!
4. *tres alas habens,*	Drei Flügel hast du:
5. *quarum una in altum volat,*	In die Höhe empor schwingt der eine,
6. *et altera de terra sudat,*	auf der Erde müht sich der zweite,
7. *et tertia undique volat.*	und allüberall schwingt der dritte.
8. *Laus tibis sit, sicut te decet, o Sapientia.*	Lob sei dir, Weisheit, würdig des Lobes!
	(Hildegard von Bingen)

„Die Weisheit ist beweglicher als alle Bewegung; in ihrer Reinheit durchdringt und erfüllt sie alles. Sie ist ein Hauch der Kraft Gottes und reiner Ausfluß der Herrlichkeit des Allherrschers; darum fällt kein Schatten auf sie."

(Weisheit Salomos 7,24 und 25)

In der Vision der hl. Hildegard offenbart sich ihr die Göttliche Weisheit als an der dreifaltigen Schöpfung des Geistes Gottes mitwebend in einem schwebenden Reigen. Dieser verbindet miteinander die Bewegungen und Klänge der göttlichen Wirkungskreise. Der Kosmos, ein lichtvolles tönendes Gebilde, ist gleichfalls dreigeteilt und leuchtet durch seine Beziehung zu Ihm.

Das Gebet gliedert sich in acht Bewegungsphasen, entsprechend dem Inhalt der Verszeilen. Das Metrum des Schreitens und der Fluß der Gebärden entsprechen ebenfalls den Gesangsphasen. Alle Bewegungen sollten ruhig ineinander gleiten.

Aufstellung: In Dreiergruppen (A-B-C) im geschlossenen Kreis: ☉. Front zur Mitte:

Gebärden: ... (a) ... (c) ... (b) ...

Raumwege: ... (mittlerer Engel) ...

1. „*O virtus Sapientiae*": Im Stehen Arme langsam gestreckt waagerecht zur Mitte heben, Handflächen nach oben ausdrehen: ..., dann weiter heben und seitlich öffnen: ... , dabei Fersen anheben. Beim Ausklingen der Strophe Fersen senken, Arme wieder herunterführen: ... |

2. „*quae circuiens circuisti*": Am Platz ↺ re-schultrig mit vier Schritten drehen: R-L-R-L ran, re Arm führt, Unterarm ist waagerecht angewinkelt, Handfläche zeigt nach oben: ... , li Arm hängt seitlich |

3. a) „*comprehendo omnia*": Im Stehen durchfassen zur Reigenfassung: ... |
   b) „*in una via, quae habet vitam*": Mit derselben Gebärde in TR ... R seit, L rück x (plié), R seit (strecken) L vor x plié R seit (strecken) L ran |

4. „*tres alas habens*": (Schritte klein halten, Abstände innerhalb der Dreiergruppen nicht zu weit nehmen)
   Flügel A: Im Stehen Arme re über li vor der Brust kreuzen: ... |
   Flügel B: Dieselbe Gebärde, dabei ⇓ R rück, L ran |
   Flügel C: dieselbe Gebärde, dabei ⇑ R rück, L ran tip, L rück, R ran |

5. „*quarum una in altum volat*": Flügel A hebt die Fersen und deutet Flügelbewegung mit seinen über den Kopf geführten Armen an, Handgelenke mehrmals kreuzend und öffnend: ... , dann Arme wieder re über li vor der Brust kreuzen. (Flügel B und C warten mit vor der Brust gekreuzten Armen: ...)

6. „*et altera de terra sudat*": Der äußerste Flügel C kniet auf re sich vorbeugend und schlägt seine Flügel zur Erde nieder, die Handgelenke mehrmals kreuzend und wieder öffnend; legt dann die Handflächen sanft auf die Erde: ... , steht wieder auf und kreuzt die Arme re über li vor der Brust: ... , Flügel A und B warten |

7. *„et tertia undique volat"*: Der mittlere Flügel B bewegt seine Flügel, Handgelenke mehrmals kreuzend und öffnend, waagerecht vor sich; von seinem Platz
aus schreitet er, eine Unendlichkeitsfigur auf die Erde zeichnend, und kreuzt
anschließend wieder die Arme re über li vor der Brust: ⧖ , ⧒, Flügel A und
C warten |

8. a) *„Laus tibi sit"*: Die drei Flügel vereinigen sich wieder zu einem Kreis: der mittlere B bleibt stehen, A tritt zurück: ⧒ R-L ran und C vor: ⧒ R-L ran, A-B-C fassen
gemeinsam durch und heben die Arme waagerecht zur Mitte: ⧒ : ⧒⧒⧒ |

b) *„sicut te decet, o Sapientia"*: Gemeinsam ⧒ R-L-R ran zur Mitte schreiten. Im
Stehen Arme heben: ⧒⧒⧒ : ⧒⧒⧒, |, dann zurückweichen, dabei Arme sen-
ken, Hände lösen, Handflächen zeigen zur Mitte: ⧒⧒⧒ ⧒ ‖

3. Springtanz

Unendlichkeitsgeflecht, Motiv auf dem Kapitell einer Säule, Dom zu Krakau, 11. Jh.

Der Springtanz (Hassapo-Servicos-GR) ist das Gegenstück zu dem langsamen, feierlich-schweren Hassapicos und wird meist im Anschluß an ihn getanzt. Er betont das Element der Freude, der Begeisterung und wird mit kleinen, schnellen Schritten in Reihen oder im geschlossenen Kreis getanzt. Spring-Tänze, auch Spring-Prozessionen, sind seit dem Mittelalter dokumentiert. Die Echternacher Springprozession, die noch heute jedes Jahr am Dienstag nach Pfingsten getanzt wird, geht z. B. auf eine späte Sage zurück. Sie ist Teil eines Dankfestes für das Ende einer Tierseuche in der karolingischen Zeit. Die Tänzer springen in Reihen hintereinander, zwischen sich ein Taschentuch haltend, im leichten Zick-Zack drei Schritte vor und zwei zurück, auch fünf Schritte vor und drei zurück, bis zum Grab des hl. Willibrord (✝ 739), und legen so zwei Stunden lang einen etwa 1,2 km langen Weg zurück.

Aufstellung: ⊙ ·⁖·⋔·⁖· oder in Reihen im Raum verteilt:

Gebärden: (re Arm liegt hinter dem linken)

Raumwege: ⋔→ ☺

Rhythmus: ⌐ ∪

Takt: 2/4 (Zählwert 1 und)

Die Grundschritte dieses Tanzes werden angehüpft und auf den Ballen federnd getanzt. Die Senkrechte und das Springen von der Erde weg sind betont.

Grundschritte:
In TR -ᕦ- R seit, L rück x plié, R seit strecken und hochspringen, dabei L gleichzeitig vor R gekreuzt schwingen, L seit strecken und hochspringen, dabei R gleichzeitig vor L gekreuzt schwingen ‖

Da capo.

Varianten:
Als Varianten der beiden Grundschritte: R seit, L rück x plié, kann man

a) die Arme lösen, sich ↻ re-schultrig um die eigene Achse drehen: R-L und dabei zweimal in die Hände klatschen (in Augenhöhe); für die folgenden angehüpften Grundschritte am Platz wieder in die Gruppe einfügen: ⊤⊤⊤ |

b) auf L zweimal nach re -ᕦ- in TR springen, dabei mit R gleichzeitig beim Sprung zweimal an die L Ferse schlagen |

c) statt der hochgesprungenen Grundschritte am Platz mit beiden Füßen in kleiner Grätsche plié und strecken zweimal aufstampfen.

Der Tanz wird auch von anfeuernden Ausrufen begleitet.

104

Der Zyklus des Lebens

Detail im Gewölbe, Mausoleum der Galla Placida, Ravenna, 5. Jh.

„Die Himmel rühmen die Ehre Gottes und die Feste verkündigt Seiner Hände Werk. Ein Tag sagt's dem andern und eine Nacht tut's kund der andern, überall hört man ihre Stimme ... Die Sonne geht heraus wie ein Bräutigam aus seiner Kammer und freut sich, wie ein Held zu laufen den Weg. Sie geht auf an einem Ende des Himmels und läuft um bis wieder an sein Ende und nichts bleibt verborgen vor ihrem Licht."

(Psalm 19,2–4,6–7)

Der Herr ist mein Hirte

Der gute Hirte, Fresko in den Katakomben der Priscilla, Rom.

mizmor ledavid	Ein Psalm von David.
Adonay ro'i	Gott ist mein Hirte,
lo ehsar	ich leide nicht Not.
bint-ot deshe yarbitseni	Auf grünender Weide läßt er mich
'al - me menouhot yenahaleni	lagern,
nafshi yeshovev	er führet mich ans Wasser der Ruhe.
yanheni	Erquickung spendet er meiner Seele,
bema'gele tsedeq	er leitet mich
lema'an shemo	auf dem rechten Pfad
Gam ki - elekh bege tsalmavert	getreu Seinem Namen.
lo ira ra'	Und muß ich auch wandern im
ki - atah 'imadi	finstern Tale,
shivtekha oumish'antekha	ich fürchte kein Unheil,
hemmah yenahamouni	denn du bist bei mir.
ta'arokh lefanay shoulhan	Dein Stock und dein Hirtenstab,
neged tsoreray	die geben mir Zuversicht.
dishanta vashshemen roshi	Du hast einen Tisch mir bereitet,
kosi revayah	vor den Augen der Feinde.
akh tov vahesed yirdefouni	Du salbest mein Haupt mit Öl,
kol - yeme hayay	mein Becher ist gefüllt bis zum Rande.
veshavti bevet Adonay	Es geleiten mich Deine Gnade und
le-orekh yamin	Huld
	durch alle Tage des Lebens,
	und wohnen darf ich im Hause Gottes
	für immerwährende Zeiten.

(Psalm 23)

Aufstellung: ⊙ ··A·· 𝝣𝝣𝝣, in eine oder in mehrere Gruppen aufgeteilt.

Gebärden: 𝝣𝝣𝝣 𝝣𝝣

Raumwege: Beliebig.

Rhythmus: Frei, die Schritte und das Tempo vom Reigenführer abnehmen.

Je nach Anzahl der Tänzer kann der Psalm auch zwei- oder dreimal hintereinander aufgenommen werden.

Ruhige federnde Schritte, mit denen verschiedene Raumformen gegangen werden können; sind es mehrere Gruppen, kann man sich auch auf gemeinsame Formen einigen.

Prozessionsschritt:

a) R-L (◡◡) auf dem Ballen (∠), mit leichtem plié und im Strecken den L hinteren

  Fuß auf dem Ballen durchschleifen und aufsetzen |

b) Die selbe Schrittfolge mit L beginnend |

(a und b im Wechsel)

Das „*finstere Tal*" bzw. das *Nadelöhr:* der erste Tänzer dreht sich dem Zug der nachfolgenden Tänzer entgegen. Er hebt seinen li Arm und schreitet weiter auf der Innenseite der Tanzreihe mit dem zweiten Tänzer. Dieser hebt seinen re Arm und schreitet auf der Außenseite der Reihe, parallel zum Reigenführer, mit dem er ein Tor bildet. Alle ziehen hindurch, sich leicht bückend. Am Ende der Prozession wenden sich alle zur Mitte: ⸳⸳A⸳⸳ und lösen die Hände.

TAUFE

Johannes der Täufer als Seraph mit dem Jesuskind, Reisealtar,
Teil eines Triptychons, Bronze, russisch, 19. Jh.

In dieser ostkirchlichen Darstellung ist Johannes der Täufer der Asket im Fellgewand und gleichzeitig Sendbote des Himmels mit Engelsflügeln. Die Opferschale mit dem Christuskind hält es vor der Brust in seinen Armen, gleichzeitig auf den Erlöser weisend:

„Sehet das Lamm Gottes, das hinwegnimmt die Sünde der Welt. Er ist es, von dem ich gesagt habe: Nach mir wird einer kommen, der mir voraus ist, weil er vor mir war."

(Joh 1,29-30)

Wiegenlied

Serbien

Aufstellung: ☺ ⸳⸳Ⴖ⸳⸳ ♈♈♈

Gebärden: ♈♈♈ ♈♈♈

Raumwege: ⇀ ⇐ ⇑ ⇓

Rhythmus: ⏜ ⏑ ⏑ |

Im Verlauf der drei Tanzphasen werden zwei miteinander verbundene Kreuze (oberer und Querbalken) auf die Kreisbahn gezeichnet. Auf dem oberen Balken des einen steigt der Tänzer auf und ab. Die Schritte werden federnd getanzt.

1. a) ⇀ R (⏜) L vor R tip (⏑) L (⏑) |

   b) ⸳⸳Ⴖ⸳⸳ R seit (⏜) ⇐ L tip (2 x) nach li (⏑⏑) |

   c) ⸳⸳Ⴖ⸳⸳ L (⏜) ⇀ R tip (2 x) nach re (⏑⏑) |

   d) ⸳⸳Ⴖ⸳⸳ R (⏜) L tip (2 x) zur Mitte ⇑ (⏑⏑) |

2. a) ⇐ L (⏜) R vor L x tip (⏑) R (⏑) |

   b) ⸳⸳Ⴖ⸳⸳ L seit (⏜) ⇀ R tip (2 x) nach re (⏑⏑) |

   c) ⸳⸳Ⴖ⸳⸳ R (⏜) ⇐ L tip (2 x) nach li (⏑⏑) |

   d) ⸳⸳Ⴖ⸳⸳ L (⏜) R tip (2 x) zur Mitte ⇑ (⏑⏑) |

3. a) ⇑ R (⏜) L tip (2 x) zur Mitte (⏑⏑) |

   b) ⇑ L (⏜) vorbeugen, dabei Arme senken: ♈♈♈ : ♈♈♈, am Platz R-L (⏑⏑), dabei den jeweils anderen Fuß etwas anheben |

   c) ⇓ R (⏜) aufrichten, dabei Arme zur Reigenfassung: ♈♈♈ : ♈♈♈, ⇐ L tip (2 x) nach li (⏑⏑) |

   d) ⇓ L (⏜) ⸳⸳Ⴖ⸳⸳ R tip (2 x) ⇀ nach re (⏑⏑) ‖

Da capo 1–3.

HOCHZEIT

Tanzszene, Avignon, Musée du Petit Palais, Fresko um 1360

Brautreigen

Nevestinsko Oro (Jugoslawien/Mazedonien)

Die Ostkirche kennt den Brauch der Krönung des Hochzeitspaares. Die Krone, die bei der Trauung verliehen wird, ist Symbol für die Krönung in der Ewigkeit durch ein gemeinsames Leben in Treue vor Gott gemäß dem Johannes-Wort: *„Sei getreu bis in den Tod, so will ich dir die Krone des Lebens geben."*

(Offenb. d. Joh 2,10)

Aus dem Jahre 1540 berichtet der dänische Bischof Palladius, daß auf Seeland am Montag oder Dienstag der Hochzeitswoche in der Kirche Tänze stattfanden.
Noch in der ersten Hälfte des 19. Jahrhunderts tanzte in Värend, Schweden, der Brautführer nach der Trauung in der Kirche.

Auch in Griechenland und Rumänien kannte man im vorigen Jahrhundert den Tanz bei der Trauungszeremonie. Im Archipel, in Mykonos, tanzte das Brautpaar nach dem Anstecken der Ringe dreimal die Runde um den Altar. In Rumänien ging das Brautpaar im Tanzschritt mit dem Popen und zwei Ehrenpersonen um das Liturgiepult, wobei sich alle an den Händen faßten.[41] Bei den Hochzeitsbräuchen taucht auch immer wieder das In-Beziehung-Setzen zu den Vorfahren auf. Bei dem angeführten traditionellen Brauttanz aus Mazedonien wird der Weg des geistigen Vorfahren, Christi Kreuz, getanzt.

Dieser Braut(jungfern)tanz ist als getanzter Kreuzweg zugleich Traditionsbild und Weisung für das Mädchen, welches das Elternhaus verläßt. Der Kreuzesstamm ist auf die Kreisbahn projiziert. Der Querbalken ist sowohl der Weg zur Mitte des Kreises wie auch von der Kreismitte weg. Dort, wo sich beide Balken treffen, ist der Wendepunkt, der Ort der Umkehr in eine andere Richtung. Das obere Ende des Kreuzes wird bei jeder Tanzphase neu dazugewonnen – ein Stück Himmel –, die Basis, das Zuhause, läßt man hinter sich. Man kann auch sagen, daß der Ausgangsort des Kreuzweges, das Golgatha am unteren Ende, jedes Mal neu überwunden wird. Es ist der Weg des Menschen, der über sich hinauswächst.

Eine Tanzphase besteht aus zwölf Einheiten, wobei die musikalischen Phasen in ihrer Reihung die Wenden jeweils verdeutlichen. Die kurzen Schritte werden immer auf der Stelle getanzt; und der ganze Tanz, der in seinem Verlauf schneller wird, wird federnd auf dem Ballen getanzt.

Beginn mit Einsatz der Musik.

Aufstellung: ⏝ ↬ ⸙⸙⸙. Die erste Tänzerin hält in ihrer re Hand ein weißes Tüchlein hoch, Handfläche zeigt nach vorne.

Gebärde: ⸙⸙⸙

Rhythmus: ‾ ⏑ ⏑. Jede der zwölf Schritteinheiten entspricht einer rhythmischen Folge (‾⏑⏑). Die Schritte werden weich federnd auf dem Ballen getanzt.

Raumwege: ↬ ⇡ ⇣ ↤ ↤ ⸽⸽⸽⸽⸽ Beginn nach dem Auftakt des Dudelsacks.

Takt: 7/8

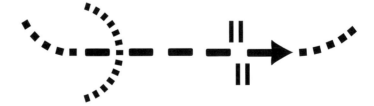

1. ↱ R ($\rightharpoonup$), LR (auf der Stelle) (◡◡) |

2. ↱ L ($\rightharpoonup$), RL (auf der Stelle) (◡◡) |

3. ↱ R ($\rightharpoonup$), L (◡◡) |

4. ↱ R ($\rightharpoonup$), LR (auf der Stelle, dabei präzise im rechten Winkel zur Mitte wenden: ⋯Ⴖ⋯) (◡◡) |

5. ⬆ L ($\rightharpoonup$) RL (auf der Stelle) (◡◡) |

6. ⬆ R ($\rightharpoonup$) L (◡◡) |

7. ⬆ R ($\rightharpoonup$) LR (auf der Stelle) (◡◡) |

8. ⬆ L ($\rightharpoonup$) RL (auf der Stelle, dabei in TR wenden: ↱ (◡◡)

9. ↱ R ($\rightharpoonup$), LR (auf der Stelle) (◡◡) |

10. ↰ L ($\rightharpoonup$) R (◡◡), beide Schritte rückwärts, Front in TR |

11. ↰ L ($\rightharpoonup$) R (◡◡), beim ersten Schritt 180 in GTR wenden |

12. ↰ L ($\rightharpoonup$) RL (am Platz, dabei wieder in TR wenden: ↱ (◡◡) ‖

Da capo 1–12.

TOD

Keltisches Grabkreuz, Lonan, 9.–10. Jh.
Das enge Flechtgewebe auf dem Kreuz und Sonnenrad ist ein einziges fortlaufendes Band.

„Du Wesen des Wunderbaren,
schütze mich mit Macht,
Du, Wesen der ewigen Gesetze
und der Sterne,
leite mich diese Nacht,
leite Seele und Leib.
Geleite mich in dieser Nacht
und jeder Nacht;
leite mich zum rechten Frieden
zwischen Erde und Himmel,
zwischen dem Mysterium der Gesetze
und der Blindheit meiner Augen.“ [42])

Ostende nobis, Domine

Ostende nobis Domine,   Zeige uns, Herr, Dein Erbarmen.
misericordiam tuam.

(Choral aus Taizé)

Der zu diesem Thema vorgeschlagene Flecht-Tanz bezieht sich auf die Vorstellung des Lebens als ein Gewebe, in welchem die Fäden von Leben und Sterben miteinander verwoben sind. Nach einer spanischen Überlieferung werden Flecht-Tänze auch zu Ehren der Heiligen getanzt, wobei das Gewebe im Namen Jesu geflochten und im Namen der Gottesmutter wieder aufgelöst wird.[43]

Aufstellung: Im geschlossenen Kreis, einzeln weit auseinander stehend,

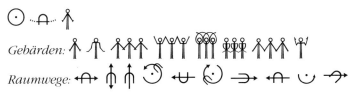

Takt: 3/4

Instrumentales Vorspiel: Beginn des Tanzes mit dem ersten Takt.

1. a) *Cello Solo (acht Takte):* ⟵⌒⟶ ⫯ wiegen am Platz R-L (4x).

   b) *Einsatz Flöte:* ⇕ 2x am Platz R-vor, L-rückwiegen (4 Takte), dabei Unterarme anwinkeln und wie eine Schale ausbreiten, Handflächen zeigen nach oben: die Handgelenke (re über li) kreuzen sich mit denen der Nachbarn: ⫯ : ⫯ : 🙏 |

   c) Während der folgenden acht Takte die letzte Gebärde beibehalten. In GTR: ⟵⌒ R vor L x plié (⎯⌣), L seit strecken (⌣), R rück x plié (⌣), seit strecken (⌣), diese Einheit 6x │ Beim Kreuzschritt jedes Mal die Körperachse pendeln.

   d) *Cello Solo:* Durchfassen: 🙏 : 🙏, zur Mitte ⇕ schreiten: R (⌣) L ran tip (⎯⌣), L (⌣) R ran (⎯⌣) │ dabei Arme gestreckt heben: 🙏 : 🙌 │ 🗘 li-schultrig am Platz drehen (Hände bleiben gefaßt), Front ist nun nach außen: ⌣. Im Stehen Arme verschränkt senken: 🙏 : 🙏 |

e) *Einsatz Flöte:* ᵜ in GTR, Front nach außen, gefesselt in die „Todesrichtung" schreiten: L vor R x plié (‿), R seit strecken (ᵕ), L rück x plié (‿), R seit strecken (ᵕ), 10x; beim Kreuzschritt jeweils die Körperachse pendeln.

Beim Ausklang der Flöte im Stehen die angefaßten Hände über den Kopf heben: 🏃🏃 : 🕴🕴 |

2. *Mit Einsatz des Chores:* löst der Reigenführer seine re Hand und öffnet so den Kreis: ᵕ. Er beginnt das neue Bewegungsmotiv, dreht sich re-schultrig aus: 🙂 R-L und schreitet Front in TR weiter: ⇒; zuerst sehr kleine Schritte nehmen, fast am Platz, bis sich die Verflechtung der Tänzer zu lösen beginnt: R leichtes plié (‿) LR auf dem Ballen (ᵕᵕ), L leichtes plié (‿), R-L auf dem Ballen (ᵕᵕ), Arme sind gesenkt: 🕴 |

Die noch stehenden Tänzer machen diese Schrittfolge am Platz.

Alle Tänzer drehen sich nun nacheinander zu einer rhythmischen Einheit (‿ᵕ) aus, dem Beispiel des Reigenführers folgend, lösen die Hände, senken die Arme: 🕴🕴🕴 und schreiten in TR ⇝ weiter, bis sich der Kreis wieder schließt. Es sind 32 rhythmische Einheiten zum Ausdrehen für maximal 32 Personen. Sind es weniger Tänzer, so schreitet man in TR weiter bis Ende des Chorals. Beim Ausklang der Musik Front zur Mitte: ⌓, Orantehaltung: 🕴🕴 : 🕴 ‖

AUSKLANG

Prozession der Zisterziensermönche.

Von der Mitte des kosmischen Rades aus bestimmt der Zyklus des Werdens und Vergehens auf geheimnisvolle Weise den Weg des Tänzers. Im Angesicht des Göttlichen in der Schöpfung findet er seine Erfüllung. Es ist die Erfahrung der göttlichen
Gegenwart in seiner eigenen Mitte. Im Einklang mit den Bewegungen des Lebens
ist er am unbeweglichen Mittelpunkt aller Bestimmungen orientiert und findet so
den Frieden.

Aaron's Segen

*vaydaber Adonay el – mosheb lemor
daber el – aharon ve-el banav lemor
koh tevarekhou et – bene isra-el
amor lahem*
*1 yevarekhekha Adonay
veyishmerekha*
*2 ya-er Adonay panav elekha
vihouneka*
*3 yissa Adonay panav elekha
veyasem lekha shalom
vesamou et – shemi
al bene isra-el va-ani avarekhem*

„Und der Herr redete also zu Mose und
sprach:
Sprich zu Aaron und seinen Söhnen:
also sollt ihr sagen
zu den Kindern Israel, wenn ihr sie seg-
net:
,Der Herr segne dich und behüte dich.
Der Herr lasse Sein Angesicht leuchten
auf dich und sei dir gnädig.
Der Herr erhebe Sein Angesicht über
dich und gebe dir Frieden.'
Sie sollen so meinen Namen auf die
Kinder Israel legen und ich werde sie
segnen."

(4 Mose 6,22–27)

Zu den drei Segnungen sind drei Gebärden vorgeschlagen:

1. *„Der Herr segne dich und behüte dich":* Oberarme am Körper, Unterarme seitlich abgewinkelt, Handflächen nach vorne:

2. *„Der Herr lasse Sein Angesicht leuchten auf dich und sei dir gnädig":* Arme vor den Oberkörper anwinkeln, Hände in Höhe des Gesichtes halten, Handflächen nach vorne/unten:

3. *„Der Herr erhebe Sein Angesicht über dich und gebe dir Frieden":* Körper etwas nach vorne neigen, Arme ganz heben, Handflächen nach vorne/unten halten: Während des Anfanges und Endes des Gebets die Arme vor der Brust kreuzen (re über li):

Aus dem Kreis des Werdens und Vergehens zieht die göttliche Liebe das von ihr Geschaffene zu sich. Was sich durch den Logos offenbarte, kehrt durch den Geist wieder zurück, bis „jedes Glied des Herabgekommenen zusammengefaßt" ist in Einheit.[43])

„… Ein Weg bin ich dir, dem Wanderer.
Wenn du aber Folge leistest meinem Reigen,
sieh dich selbst in mir …
und wenn du gesehen hast, was ich tue,
schweige über meine Mysterien …"[44])

Anmerkungen

[1] *„Quia per incarnati verbi mysterium nova mentis nostrae oculis lux tuae claritatis infulsit, ut dum visibiliter deum cognoscimus, per hunc invisibilium amorem rapiamur."*
(*Missa in Gallicantu*; veröffentlicht auf Lateinisch mit englischer Übersetzung: Gimell Records Nr. 1585-17, 1988; vgl. auch *Missale von 1531*)

[2] Johannes Chrysostomos („Goldmund"), Bischof und Patriarch von Konstantinopel seit 398.

[3] Jakob Baumgartner, „Gefährte des Glaubens – Gespiele der Gnade. Zum Tanz im christlichen Kult", in: Silja Walter, *Tanz vor dem Herrn,* Zürich 1974, S 109.

[4] Die Ausgrabungsstätte von Heraklea Lynkestis, im 4. Jahrhundert v. Chr. von Philipp II. gegründet, befindet sich unweit der Stadt Bitola in Mazedonien, Südjugoslawien.

[5] 1 Korinther 6,15ff.

[6] Kirchenlehrer, Gründer des Zisterzienserordens, 1091–1153.

[7] Dichter und Schriftsteller, 1881–1944.

[8] Altkirchlicher Theologe, † 255; *Hohelied-Kommentar II.*

[9] Johannesakten, *Neutestamentliche Apokryphen,* (Hg.) E. Hennecke u. W. Schneemelcher, Tübingen 1968, Bd. II, S. 153ff.

[10] Vgl. M.-G. Wosien, *Sakraler Tanz. Der Reigen im Jahreskreis,* München 1988, S. 27–31.

[11] (Hg.) Kevin W. Kelly, *Der Heimatplanet,* Frankfurt 1989.

[12] Vgl. Thomas Ohm, *Die Gebetsgebärden der Völker und das Christentum,* Leiden 1948; Heinz Demisch, *Erhobene Hände. Geschichte einer Gebärde in der bildenden Kunst;* Anselm Grün u. Michael Reepen, *Gebetsgebärden,* Münsterschwarzach 1988.

[13] Petrusakten, Log. 38 (9), (Hg.) E. Hennecke, *a. a. O.,* Bd. II, S. 220.

[14] Pred. 4,17; vgl. M.-G. Wosien, *a. a. O.,* „Kappadozische Osterprozession", S 121f.

[15] Für die bei allen liturgischen Feiern gebräuchlichen Prozessionen gibt es eine Fülle von musikalischen Angeboten in der europäischen Klassik im 4/4, 2/4 oder auch im Dreier-Rhythmus des 3/4 bzw. 6/8 Taktes. Die Schrittfolgen können für die Vierer-Rhythmen als R-L ran, L-R ran, auch als einfaches Schreiten R-L gestaltet werden, bzw. für die Dreier-Rhythmen als eine schneller gelaufene oder gehüpfte Prozession. Dabei ist der erste Schritt jeweils betont, und jede Sequenz wird mit dem jeweils anderen Fuß begonnen. Die Aufstellung der Teilnehmer erfolgt beliebig als Reihe zu zweien bzw. mehreren nebeneinander, je nach der Beschaffenheit des Raumes. Armhaltungen und Gebärden entsprechen der thematischen Vorgabe und sind im Verlauf dieser Arbeit angeführt.

[16] M.-G. Wosien, *a. a O.,* S. 12f., S. 83f., S. 123f.

[17] Othmar Keel, *Die Welt der altorientalischen Bildsymbolik und das Alte Testament,* Zürich 1984 (4), Kap. 6; vgl. Ps. 50,141, Ex. 23,15, Ex. 24,23.

[18] *„Ruach",* der Atem oder Geist Gottes, ist im Hebräischen weiblich; vgl. die Überlieferung von Logos-Sophia, *Spr.* 8,22ff.

[19] Marie Noël (1883–1967), *Notes intimes,* Paris 1959; zitiert in: J. Baumgartner, *a. a. O.,* S. 157.

[20] Hildegard von Bingen, *Welt und Mensch. De operatione Dei,* (Hg.) H. Schipperges, Salzburg 1965, S. 35.

[21] Überliefert durch den römischen Philosophen Boethius, ca. 480–524, in seinem Werk *De institutione musicae.*

[22] Vgl. Alan Watts, *Myth and Ritual in Christianity,* London 1959³, Kap. 1.

[23] Hippolytos, *Eleuchos,* VIII, 15.2; zitiert in: C. G. Jung, „Das Wandlungssymbol in der Messe", *Von den Wurzeln des Bewußtseins,* Zürich 1954, S. 280.

[24] Hildegard von Bingen, *Scivias, Wisse die Wege.* Salzburg 1987 (8), Schau I, 6.

[25] Vgl. *Offenb. d. Joh.,* 4,16ff für die Symbole der Evangelisten, die eine Gestalt bilden.

[26] Hildegard v. Bingen, *a. a. O.,* Schau II, 2.

[27] Teil eines alt-irischen Hymnus, der später dem Hl. Patrick zugeschrieben wurde; zitiert in: Jakob Streit, *Sonne und Kreuz. Irland zwischen Megalithkultur und frühem Christentum,* Stuttgart 1986 (2), S. 71.

[28] Hildegard von Bingen, *Scivias. Wisse die Wege,* Salzburg 1987 (8), Schau I, 5, S. 110.

[29] Ausgewählte Passagen des *Hymnus Akathistos,* dem etwa 800 Jahre alten bedeutendsten Marienhymnus der Ostkirche; übers. von E.-M. Zumbroich, Begleittext zu Tabor-Ton Archiv Schallplatte, Nr. 7000.

[30] Im Rahmen dieses Zyklus wurde dir vorliegende Version gewählt; vgl. die längere Fassung TZ 405.

[31] Aus Bernhard Wosien, *Der Weg des Tänzers,* Linz 1988, Kap. 5.

[32] Vgl. (Hg.) V. Koudelka, *Dominikus. Gotteserfahrung und Weg in die Welt,* Olten 1983.

[33] S. N. Bolšakov, *Auf den Höhen des Geistes. Gespräche eines russischen Mönches über das Jesusgebet,* Wien 1976, S. 7 u. 11f.

[34] Richard Wolfram, *Reigen- und Kettentanzformen in Europa,* Tanzhistorische Studien V, Berlin 1986, S. 41f.

[35] Komponiert 1027; vgl. H. Kern, *Labyrinthe,* München 1982, S. 214f.

[36] Jakob Baumgartner, *a. a. O.,* S. 109.

[37] Jakob Streit, *a. a. O.,* S. 86.

[38] M.-G. Wosien, *a. a. O.,* S. 107–114.

[39] Richard Wolfram, *Die Volkstänze in Österreich und verwandte Tänze in Europa,* Salzburg 1951, S. 74.

[40] Modernes Quäker-Lied, Text und Musik von Sydney Carter, *The Genesis Songbook,* Illinois 1973.

[41] Richard Wolfram, *a. a. O.,* S. 97ff.

[42] Mündlich überliefertes alt-gälisches Gebet; aus J. Streit, *a. a. O.,* S. 75.

[43] Richard Wolfram, *a. a. O.,* S. 61.

[44] „Hymnus Christi", Johannesakten, (Hg.) E. Hennecke und W. Schneemelcher, *a. a. O.,* Bd. 2, S. 158; 100.

[45] Ebd., S. 155.

Verzeichnis der Gebärden

A. GRUPPENGEBÄRDEN

(Alle Gebärden sind vom Lesenden im Gegenüber zu sehen.)

 Arme hängen gerade herunter, Hände sind gefaßt

 Unterarme sind seitlich angewinkelt, Hände etwa in Augenhöhe gefaßt

 Arme sind erhoben, Hände über dem Kopf gefaßt

 Arme sind gestreckt erhoben

 Arme sind waagerecht parallel nach vorne gestreckt

 Arme sind seitlich als Kreuz erhoben, Hände fassen, re Handfläche nach oben, li nach unten

 Arme in Korbfassung, entweder vorne (li über re) bzw. hinter dem Rücken gekreuzt, man faßt jeweils die Hände des übernächsten Tänzers

 Arme sind untergehakt, Unterarme angewinkelt

 Schulterfassung: Arme liegen li vor re, die Hände auf den Schultern des Nachbarn

 Re Arm auf li Schulter des Nachbarn, li Hand als Schale vor der eigenen Mitte

 Li Hand auf re Schulter des Nachbarn, re Hand vor der Brust

 Arme vor der eigenen Mitte gekreuzt

 „Girlandenhaltung": Handgelenke über dem Kopf kreuzen, Hände sind mit denen der Nachbarn verbunden

 Li Hand auf dem Rücken des li Nachbarn, re Hand vor der Brust

 Arme leicht seitlich angehoben und ausgebreitet, Handgelenke kreuzen sich mit denen der Nachbarn

 „Tor" der beiden letzten bzw. ersten Tänzer

 Li Hand auf re Schulter des Nachbarn, re Arm seitlich leicht angewinkelt, Handfläche zeigt nach oben

B. EINZELGEBÄRDEN

I. Nach außen gerichtete, extrovertierte Gebärden

 Arme hängen gerade seitwärts, Handflächen zur Mitte

 Arme sind seitlich erhoben, Handflächen zeigen zueinander (bzw. nach vorne), Kopf/Blick nach oben

 Unterarme parallel nach vorne angewinkelt, Oberarme am Körper, Handflächen zeigen nach oben

 Arme sind seitwärts waagerecht erhoben, re Handfläche zeigt nach oben, li nach unten

 Arme sind erhoben, Hände sind über dem Kopf abgewinkelt, Handflächen zeigen nach oben, Kopf/Blick nach oben

 Unterarme sind seitlich angewinkelt, Handflächen zeigen zur Mitte

 Oberarme eng am Körper, Hände unterhalb und seitlich des Gesichts geöffnet, Kopf/Blick nach oben

 Arme gerade parallel nach vorne gestreckt, Handflächen nach oben

 Unterarme parallel nach vorne abgewinkelt, Hände in Augenhöhe, Handflächen zeigen nach oben, Kopf/Blick nach oben

Oberarme eng am Körper, Unterarme nach vorne erhoben, Hände in Augenhöhe, Handflächen nach vorne

 Arme weiter nach außen geführt, Handflächen zeigen zueinander

 Handflächen zeigen nach vorne

 Handflächen nach vorne, Kopf gesenkt

 Re Hand in Gruß-/Segenshaltung, Handfläche nach vorne; li Hand als Schale vor dem Mittelkörper, Handfläche nach oben

 Unterarme angewinkelt, Hände mit Handflächen nach innen vor der Brust

 Re Unterarm waagerecht angewinkelt, Handfläche zeigt nach oben; li Arm hängt seitlich

 Re Arm ist über dem Kopf erhoben, Handfläche zeigt nach vorne, li Arm ist unten, Handfläche zeigt nach oben

 Seitliches Heben und Senken (Öffnen und Schließen) der Arme zum Kreis, mit ausgebreiteten Armen etwas unter der Waagerechten verharren: re Handfläche weist nach oben, li nach unten

Arme bilden einen Kreis über dem Kopf, Fingerspitzen berühren sich nicht

Arme über dem Kopf erhoben, Fingerspitzen berühren sich

Arme über dem Kopf erhoben, Handgelenke (re vor li) sind gekreuzt, Handflächen zeigen zur Seite

Arme seitlich gestreckt, Handflächen sind parallel mit der Erde

Li Hand vor der Brust, re Arm ist waagerecht vorgestreckt, Kopf gerade

Li Hand vor der Brust, re Arm seitlich etwas angewinkelt, Handfläche nach oben

II. Nach innen gekehrte, introvertierte Gebärden:

Bei diesen Gebärden sind Kopf/Blickrichtung gesenkt.

Arme bilden einen Kreis vor dem Körper, Fingerspitzen berühren sich nicht. Handflächen zeigen nach innen

Hände liegen vor dem Mittelkörper (re unter li), Handflächen zeigen nach oben

Handgelenke sind vor dem Körper gekreuzt (re über li), Handflächen zeigen zur Seite

126

Li Hand liegt vor der Brust, re Arm ist seitlich leicht angewinkelt, re Handfläche zeigt nach oben

 Beide Arme sind seitlich geöffnet, Handflächen zeigen nach oben

 Knien bzw. halbe Kniebeuge auf re, li Fuß ist vorgestellt bzw. bei der halben Kniebeuge auf den Ballen zurückgestellt, Oberkörper ist leicht nach vorne geneigt. Hände (re unter li) liegen als Schale vor dem Mittelkörper, Handflächen zeigen nach oben

 Knien, Oberkörper vorneigen; Unterarme liegen auf der Erde, Handflächen zeigen nach oben / bzw. auf die Erde trommeln / bzw. Handflächen auf die Erde legen

 Hände vor dem Mittelkörper (re über li), „eine unsichtbare Kugel haltend", Handflächen zeigen zueinander

 Hände vor die untere Gesichtshälfte halten, Handflächen zeigen zueinander

 Handflächen vor dem Mittelkörper zur Gebets- und Grußgebärde zusammenlegen

 Handflächen lose vor die geschlossenen Augen halten bzw. mit etwas Abstand als Spiegel vor die offenen Augen

 Arme (re über li) vor der Brust kreuzen, Handflächen liegen unterhalb der Schultern

 Arme bilden einen Kreis vor dem Mittelkörper, entweder unten oder halbhoch mit Abstand zum Körper

Geschlossener Kreis

Geschlossener Kreis in GTR

Geschlossener Kreis in TR

Offener Kreis

Offener Kreis in TR

Offener Kreis in GTR

Front-Stellung

Front zur Mitte

TR = Tanzrichtung

In TR, Front zur Mitte

In TR, Front diagonal zur Mitte

 In TR, Front in TR

Re-schultrig am Platz drehen

Wellenförmig über die Kreisbahn tanzen (R rein, L raus)

Zur Mitte tanzen mit Front zur Mitte

Von der Mitte zurück tanzen, Front zur Mitte gewendet

Von der Mitte zurück tanzen, Front nach außen

 In TR, Front diagonal nach re außen

Re-schultrig in TR auf der Kreisbahn weiterdrehen

In GTR, Front zur Mitte

In GTR, Front li-diagonal zur Mitte

Li-schultrig am Platz drehen

 In GTR, Front in GTR

In GTR, Front re-diagonal nach außen

 In GTR, Front li-diagonal nach außen

 Am Platz wiegen, Front zur Mitte

 In GTR, Front nach außen

 Front nach außen

 Am Platz vor- und rückwiegen, Front zur Mitte

RAUMSYMBOLE

 In zwei konzentrischen Kreisen stehen

 Kreis ist in vier Gruppen unterteilt

 Kreuz-Formation im Kreis

 Sechsspeichiges Rad-Kreuz

 Achter-Kreuz

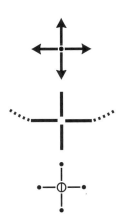 Bewegungsrichtungen im Kreuz vom Platz aus

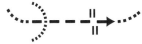 Das Kreuz von der Kreisbahn aus auf die Erde zeichnen (vor-rück-re-li)

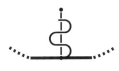 Endpunkte der Kreuzbalken vom Platz aus mit dem Ballen antippen

 Einen Kreuzweg vorwärts in TR auf die Erde zeichnen, dabei wird ein Teil des unteren Kreuzbalkens „überwunden" und ein Stück an der Kreuzspitze „dazugewonnen"

 Die seitlichen Kreuzbalken werden auf den Mittelpunkt zu sich verjüngend getanzt, dann von dort der „Aufstieg", der Gang zur Mitte schlangenförmig, der letzte Schritt ist ein Sprung, der Rückweg führt über die Gerade

 Mäanderweg

 Umkehrspirale mit Verlauf in TR

Li-läufige Spirale (Einrollen im Uhrzeigersinn)

 Das Unendlichkeitsmotiv, eine liegende Acht, vom Standpunkt aus auf der Kreislinie tanzen, nach re vorne beginnen

Zur Umkehrspirale ein- und ausrollen und wieder zum Kreis formieren

 Bis zu drei Wendungen mit Weiterbewegung in TR. Die gestrichelte Linie zeigt die Ausrichtungen an: zur Mitte/nach außen/zur Mitte . . .

 Vierergruppe im kleinen Kreis mit Platzwechsel zum gegenüberliegenden Punkt und Rückkehr zum Ausgangspunkt

ABKÜRZUNGEN

R	rechter Fuß
L	linker Fuß
re	nach rechts bzw. rechte(r) Hand/Arm
li	nach links bzw. linke(r) Hand/Arm
TR	in Tanz-Richtung (gegen den Uhrzeiger)
GTR	in Gegen-Tanzrichtung (mit dem Uhrzeiger)
da capo	Wiederholung von Anfang an
‿ ∪ ∪	rhythmische Einheiten: lang (betont), kurz, kurz
plié	Knie eines bzw. beider Beine beugen
x	Fuß/Bein/Knie kreuzen
ran	Fuß an Standbein anschließen
tip	mit Fußspitze bzw. Ballen den Boden berühren
drehen	auf dem Standbein drehen
wiegen	über der eigenen Mitte hin- und herwiegen
rück	rückwärts bewegen
vor	vorwärts bewegen
seit	seitwärts bewegen
|	Ende einer Gebärden- bzw. Tanzphase
||	Ende des Tanzes

Nachweis zu den Musikstücken

1. *Psalm 150:* La musique de la Bible révéleé, (Hg.) S. Haik Vantoura, Harmonia Mundi France, HM 989, 1975

2. *O quam mirabilis est:* Hildegard v. Bingen, Symphoniae (geistliche Gesänge), Sequentia-Ensemble für Musik des Mittelalters, EMI Deutsche Harmonia Mundi, 1999761

3. *Lord, hear my pray'r:* Resurrexit-Taizé, TZ 408

4. *Kyrie:* Misa Criolla, Ariel Ramirez, Philips 6527136

5. *Gloria:* ebenda

6. *Cherubimischer Hymnus:* Große Slawisch-Orthodoxe Liturgie, Harmonia Mundi France, Helikon 004/06, HM 105, Platte 2

7. *Credo:* Missa Kwango, aus: Missa in Folklore, Sonderanfertigung für die päpstlichen Missionswerke in der BRD, MISSIO, D-51 Aachen, Postfach

8. *Sanctus:* Missa Luba, Les Troubadours du Roi Baudouin, Philips 6527137

9. *Agnus Dei:* Misa Criolla, Ariel Ramirez, Philips 6527136

10. *Otsche Nasch:* (Vater unser), Die Göttliche Liturgie des Heiligen Vaters Johannes Chrysostomos, Deutsche Harmonia Mundi, 2029013-1

11. *Magnificat:* Taizé-Alleluia, TZ 453

12. *Dans nos obscurités:* ebenda

13. *Señor ten piedad:* Misa popular Salvadoreña, Christliche Initiative El Salvador e.V., Kardinal v. Galen Ring 45, D-44 Münster

14. *O splendidissima gemma:* (De sancta Maria), Hildegard v. Bingen, Ordo virtutum, Sequentia-Ensemble für Musik des Mittelalters, (Hg.) Barbara Thornton, EMI Deutsche Harmonia Mundi, 1999423, Platte l

15. *Benedictus:* Taizé-Canons et Litanies, TZ 404

16. *Navidadau:* (Krippgang), Gloria, weihnachtliche Musik aus Lateinamerika, Olivia Molina, Verlag Friedel Bauschke, D-2 Hamburg

17. *Die Geburt des Lichtes:* Cueqitta del Jarron, Music of the Incas, Capitol International Series, SP 10545 EMI

18. *Gloria:* Taizé-Cantate, TZ 405

19. *Adoramus te:* Taizé-Chanter ensemble, TZ 452

20. *Das Herzensgebet:* Text und Musik von Fr. Maria-Emmanuel, Zisterzienser-Abtei Hauterive, CH-Fribourg; mit freundlicher Genehmigung des Autors

21. *Confitemini Domino:* Taizé-Alleluia, TZ 453

22. *Opfertanz:* (Hassapicos), mit freundlicher Genehmigung des Dora Stratou-Instituts, Plaka, GR-Athen

23. *Bleibet hier:* Resurrexit-Taizé, TZ 408

24. *Crucem tuam:* Taizé-Chanter ensemble, TZ 452

25. *Auferstehungstanz:* (Sirtaki), 14 original Sirtaki, Philips 7203309

26. *Veni Sancte Spiritus:* Immortel Grégorien I, Édition du l'Abbeye Cistercienne de Notre Dame de Melleray, Studio SM 39/30525, Paris, France

27. *O virtus Sapientiae:* Hildegard v. Bingen, Symphoniae (geistliche Gesänge), Sequentia-Ensemble für Musik des Mittelalters, EMI Deutsche Harmonia Mundi, 1999761

28. S*pringtanz:* (Hassapo-Servicos), mit freundlicher Genehmigung des Dora Stratou-Instituts, Plaka, GR-Athen

29. *Psalm 23:* La musique de la Bible révéleé, (Hg.) S. Haik Vantoura, Harmonia Mundi France, HM 989, 1975

30. *Wiegenlied:* (Šano Dušo), Volkstänze vom Balkan, Calig-Verlag, Cal 30762

31. *Brautreigen:* (Nevestinsko Oro), Macedonian Folk Dances, Jugoton, YU-Zagreb, LPY 50985

32. *Ostende nobis:* Taizé-Canons et Litanies, TZ 404

33. *Aarons Segen:* La musique de la Bible révéleé, (Hg.) S. Haik Vantoura, Harmonia Mundi France, HM 989, 1975

Abbildungsverzeichnis

S. 2: Frontispiz: (Hand Gottes), Fresko im Torbogen, St. Clemente de Tahull (Lerida), um 1225.

S. 20: Hl. Abendmahl: Fresko in der Apsis, Kathedrale St. Sophia, Ohrid, 11. Jh., Foto: Christof Wosien

S. 24: König David mit Tänzern und Musikanten: Titelbild aus dem Goldenen Psalter, Stiftsbibliothek St. Gallen, Cod. 22, S. 2, um 875.

S. 26: Die Erschaffung der Welt: Ms. Cotton Tiberius, c. VI, fol. 7 v., The British Library London, um 1050.

S. 28: Das Weltall, Tafel 4, Schau I 3: Hildegard von Bingen, Wisse die Wege, Salzburg 1987 (8), S. 111.

S. 31: Die Vertreibung aus dem Paradies: Gemälde von Giovanni di Paolo, Sammlung Lehmann New York, 1445.

S. 34: Die Heilige Liturgie: Ikone von Michael Damaskenos, Aikatherinen-Kirche an der Hl.-Menas-Kirche Iraklion, 16. Jh.

S. 35: Das Martyrium des Hl. Georg: Ms. Nr. 54, Bibliothèque de Besancon, frühes 13. Jh.

S. 37: Die Chöre der Engel: Hildegard v. Bingen, Wisse die Wege (Scivias), Otto-Müller-Verlag 1987, 8. Auflage, Tafel 9, Schau I. 6.

S. 39: Tetramorph: Die Evangelisten als viergestaltiger Engel auf zwei Rädern stehend, den Symbolen des Alten und Neuen Testaments, Darstellung aus dem Athoskloster Vatopaedi, 1213.

S. 40: Die Versammlung der Engel: Guariento, Padua um 1370.

S. 43: Die wahre Dreiheit in der wahren Einheit: Hildegard v. Bingen, Wisse die Wege (Scivias), Otto-Müller-Verlag, Salzburg, 8. Auflage, 1987, a. a. O., Tafel 11, Schau II. 2.

S. 47: Schwertgriff und Dosendeckel: Irland, 1. Jh. vor und 1. Jh. nach Christi, Bronze, Nationalmuseum. (Foto: Katalog Irische Kunst aus drei Jahrtausenden, [Hg.] H. Hellenkemper, Mainz 1983, S. 24.)

S. 50: Orantehaltung, Fresko in den Katakomben der Priscilla, Rom.

S. 53: Mittelschiff, St. Peterskirche, Assisi: frühes 11. Jh., Foto: Matteo Fici.

Frühchristlicher Altar: (Rekonstruktion), Anchialos, Thrazien, 5.–7. Jh., Byzantinisches Museum Athen, Foto: Magdalena v. Dijk.

S. 56: Das Gezelt der Seele: Hildegard v. Bingen, „Wisse die Wege" (Scivias), Otto-Müller-Verlag, Salzburg, 8. Auflage, 1987, a. a. O., Tafel 5.

S. 60: Jahresbild: Fuldaer Sacramentar, Cod. Ms. Theol. 231, Bl. 250 v., Staats- und Universitätsbibliothek Göttingen, um 975.

S. 61: O lumina divina: Symbolzeichnung von Bernhard Wosien, 1980.

S. 65: Raphael und Gabriel: Seelenführer, Meister von Lluca, um 1200, Barcelona, Museu d'Art de Catalunya.

S. 66: Muttergottes vom nichtverbrennenden Dornbusch: russische Ikone, Palecher Schule, 18. Jh., Ikonenmuseum Schloß Autenried.

S. 70: Die Erschaffung der Gestirne: Clm. 14399, fol. 52 r., Bayerische Staatsbibliothek München, um 1165–70.

S. 72: Goldene Lunula und Scheibe: Katalog Irische Kunst aus drei Jahrtausenden. (Hg.) Hansgerd Hellenkemper, Verlag Philipp von Zabern, Mainz 1983, S. 17.

S. 77: Jubilierender Engel verkündet den Menschen die Geburt Christi: Vezeley.

S. 80: Beter: St. Quirze de Pedret, Diözesan-Museum Solsona, 10. Jh.

S. 83: Labyrinth der Kathedrale von Chartres, Mittelschiff Nähe des Westportals, 13. Jh., Durchmesser 12,87 m.

S. 85: Cena Domini: Sacramentar des Raganaldus, Bibiliotheque dela Ville, Autun, Ms. 19 bis, fol. 8 r., 9. Jh.

S. 87: Der vierte Ton der Musik: Säulenkapitell, Kathedrale von Cluny, Cluny III.

S. 90: Höllenfahrt Christi: Fresko, Kariye-Museum Istanbul.

S. 91: Christus Pantokrator: Fresko im Deckengewölbe, Kathedrale St. Sophia, Ohrid, 11. Jh., Foto: Christof Wosien.

S. 93: Huldigung der vierundzwanzig Ältesten: Hofschule Karl des Kahlen, Clm. 14000, fol. 6 r., Staatsbibliothek München.

S. 96: Die Ausgießung des Heiligen Geistes: Salzburger Perikopenbuch, Clm. 15713 f. 37 v., Staatsbibliothek München.

S. 99: Die Göttliche Weisheit: russische Ikone, 18. Jh., Privatsammlung Brenske, Hannover.

S. 106: Detail im Gewölbe des Mausoleum der Galla Placida: Ravenna, 5. Jh.

S. 107: Der Gute Hirte: Fresco, Katakomben der Priscilla, Rom.

S. 109: Johannes der Täufer als Seraphim mit dem Jesuskind: russischer Reisealtar, Teil eines Triptychons, Bronze, 19. Jh., Privatsammlung.

S. 111: Tanzszene: Fresko um 1360, Avignon, Musée du Petit Palais.

S. 114: Keltisches Grabkreuz: Lonan, 9.–10. Jh.

S. 117: Prozession der Zisterziensermönche: Hauterive.